YOBEL

ヨベル新書
065

キリスト教思想史の諸時代 Ⅱ

――アウグスティヌスの思想世界

金子晴勇［著］

装丁　ロゴスデザイン：長尾優

はじめに

アウグスティヌスは今から1600年以上も前のヨーロッパ古代のローマの人である。そこではじめに彼のことを簡略に紹介しておきたい。

彼は354年11月13日、北アフリカのヌミディア州のタガステの町に誕生する。郷里と近郊の町マダウラで文法学と文学を学び始める。16歳からカルタゴに遊学し、修辞学の勉強をはじめたが、早熟でやがてある女性と同棲し、18歳にして息子のアデオダトゥスが誕生する。キリスト教を離れ、新興宗教マニ教の聴聞者となる。19歳のとき、キケロの『ホルテンシウス』を読み、哲学への知的回心を経験する。22歳でカルタゴで修辞学の教師となる。ローマに移り、市の長官シュンマクスの推薦によってミラノの国立学校の修辞学の教授となる。ミラノ郊外のホルテンシゥスでの討論をまとめて発表する。さらにミラノの教会でアンブロシウスに会って初めてキリスト教への理解を深め、32歳のときに回心し、翌年の復活祭にアンブロシウスから受洗する。

次いでタガステの父の家に帰り、息子や友人たちと共同生活を始める。37歳のとき北アフリカの臨海都市ヒッポ・レギウスの信徒たちに司祭就任を強いられる。42歳でヒッポ・レギウスの司教となる。翌年『告白録』を執筆しはじめ、『キリスト教の教え』や『三位一体』さらに『創世記逐語注解』を執筆し始める。410年の56歳のとき、アラリックの率いる東ゴート族がローマに侵入し、永遠の都を破壊し、略奪する。この災難の責任がキリスト教徒に帰せられたため、キリスト教を弁護して、有名な大作『神の国』の執筆に取りかかる。

同時にドナティストとペラギウス派との分派と異端との論争に積極的に参加する。こうしてペラギウス派駁論の著作、『罪の報いと赦し』『霊と文字』『自然と恩恵』などが書き始められた。418年に開催されたカルタゴ教会会議でペラギウス主義が邪説として判決され、異端の宣告を受けた。自説を要約して『キリストの恩恵と原罪』を書く。421年にはペラギウス主義の擁護者エクラヌムの司教ユリアヌスとの論争が始まり、『ユリアヌス駁論』などを書く。また晩年の426年にはセミ・ペラギウス主義と対決し『恩恵と自由意志』『譴責《けんせき》と恩恵』を、さらに『聖徒の予定』および『堅忍の賜物』を書く。430年（75歳）にヴァンダル族に包囲されたヒッポで病に倒れ、死去する。

ところで彼の回心はキリスト教的古代に生じた典型的なものであった。彼は古代の哲学的思想体系をもって自己形成を行ない、古代の古典的な教養を身につけていた。それゆえ彼の回心は「世紀の回心」といわれるように、古代末期から新しい中世への大転換を引き起こす基ともなった。その著作『告白録』には彼がどのように古代思想を自己のものとしていったか、またそれによって内心の不安と葛藤また苦悩が癒されず、キリスト教の福音によって初めていかに金銭・名誉・女性に対する欲望に打ち勝つことができたかが物語られる。とりわけ、女性に対する欲望は手強く、理性と感性との二元的な相克を引き起こし、激しい内心の分裂を彼は経験し、そこからの救済を願い求めた。このような自己の罪性の自覚から、その救いを求める生き方と探求の態度は新約時代のパウロには見られなかったもので、その回心はこの欲望に打ち勝って、心身の全体をあげて神に献身することによって初めて成立した。

彼の回心は、パウロのローマ人への手紙第13章13—14節を読んで起こっているように、身体的な欲望、つまり情欲からの解放が中心的な問題であった。したがって内心の分裂は心身問題と関連し、欲望との対決状態にあっても、なお、不決断の内にさ迷っていたとき、自己の外から聞いた「とれ、よめ」(tolle, lege) の声に促されて聖書を開き、その言葉にしたがって回心の決断がなされたのである。

ところで彼は多方面な才能に恵まれており、アンブロシウスから継承した正統派の信仰を学問的に確立した功績は、きわめて重要で、キリスト教思想史で最大の思想家となった。わたしは彼の思想の核心である「心の哲学」を通してどのように偉大な思想世界が拓けていったかを問題にしてみたい。

このような「心の哲学」は初期の作品『ソリロクィア(Soliloquia)』ですでに表明されているといえよう。というのも彼はその作品で哲学の主題を「神と魂」という表現によって明確に定めたからである。そこでは次のように論じられた。

理　性　ではあなたは何を知りたいのか。
わたし　わたしが祈りましたこれらすべてです。
理　性　もっと短く要約しなさい。
わたし　神と魂をわたしは知りたい。
理　性　ほかに何もないかね。
わたし　全く何もありません。
(『ソリロクィア』I・2・7)

この叙述はきわめて簡潔にして明瞭である。ここで「神と魂」とあるのは存在の尊厳にもとづく順序であるが、人間の思考では逆に自己認識から神認識への順序となっている。それゆえ「常に同一にいます神よ、わたしを知らしめ、あなたを知らしめたまえ」（前掲書Ⅱ・1・1）という、これに続く有名な祈りがなされ、この順序に従って自己認識から神認識へという方向が導入される。しかし、その叙述はあまりにも簡潔であるため、十分な説明が不足している。ところが『三位一体論』になると、最初は聖書とキリスト教古代の思想家たちから三位一体の教義を考察してから、自己認識の問題を取り上げ、それを解明しながら神認識の問題に入っていった。このように「心」は同時に「魂」をも意味し、しかも神との関係での自己認識こそ最初からその重要性が説かれていた。そこには彼の思想世界が人間学的に解明される端緒が見られると言えよう。

キリスト教思想史の諸時代　II
アウグスティヌスの思想世界

目次

1　古代末期の世界

はじめに

古代ローマ史の頂点に立つアウグストゥス皇帝（BC. 63-AD. 14）の時代からアウグスティヌス（Aurelius Augustinus Hipponensis, 354-430）に至る歴史はどのような区分をもち、いかなる統一的な意義をもって展開しているのであろうか。そこには古典文化によるアウグストゥスの治世とその崩壊、ローマ帝国によるキリスト教の受容、キリスト教による古典文化の更新といった注目すべき出来事が連続して起こっている。この時代の解釈はローマの側に立つか、それともキリスト教の発展に立って見るかによって大きく変わってこざるをえない。エドワード・ギボンの名著『ローマ帝国衰亡史』（The History of the Decline and Fall of the Roman Empire, 1776-88）はアントニウス朝時代から説きおこしているが、彼によると全ローマ史（東・西ローマ史）は、アウグストゥス皇帝の時代を土台として二世紀までに確立された広汎な領土、法律による社会の秩序から生じた政治・経済・文化の諸価値の体系を最盛期とし、ここから観察され判断されることにより、それは「衰亡」(Decline and Fall)の一途をたどったと解釈された。したがってローマ世界を形成した古典文化の価値体系から歴史がもっぱら考察される。この解釈は、啓蒙主義の洗礼を受けた彼が歴史の帰趨を見定めようとして、カピトールの廃虚に立って夢見た、ローマの偉人たちの群像から発した霊感にもとづいていた(『ギボン自叙伝』村上至孝訳、岩波文庫、184頁を参照)。これに対しコックレンの『キリスト教と古典文化』(C. H. Cochrane Christianity and Classical Culture, 1st ed, 1939)は独創的な構想にもとづいてローマ史を解釈している。(1) コックレンもギボンもともにアウグストゥスの治世から出発しており、アウグストゥスの治世は内部に矛盾を含んでいて、いわゆるPax Augustaは古典文化の最後的表現であるが、古典文化のもつ問題性を同じく古典文化の精神にそって復興せんとした試みであって、内に含まれたそのような矛盾のゆえに没落の運命にあった。この点では両者の解釈は同じであるが、相違点はキリスト教に対する見方に顕著となっている。ギボンはキリスト教に対し否定的であり、そのユダヤ教的排他主義のゆえにローマの滅亡を促進したものと見るが、コックレンによればローマ帝国は自らの危急存亡に際しキリスト教を採用し、帝国の回復を計ったが、根本から更新されなかったために自らの内的論理により滅亡したのであるとされている。

キリスト教に対するコックレンの解釈は著しく肯定的であるが、彼はキリスト教の弁明（apology）を意図しているのではなく、歴史の流れの中に存在し、歴史を決定している「状況の論理」（the logic of the situation）を把握しようとしている。歴史に内在している論理は古典文化とキリスト教という二原理の関係から把握される。彼によれば古典文化とキリスト教という原理的に異った二領域を分離して、古典学とキリスト教学とに分ける研究態度は全くの恣意《しい》であり、出来事の実際の歩みによっても否認される。彼によるとキリスト教はギリシア・ローマ世界に影響して思想と行動との革命を生じさせている。アウグストゥスの治世と業績はギリシア文明のための安全な世界を築こうとする努力の頂点をなし、「古典的秩序の最後的にして決定的表現なる永遠性」を要求するものであるが、ローマ時代のキリスト教の歴史はそのような事業と理念に対する批判となっている。国家という迷信は批判され、この迷信の根底にある思想やイデオロギーは「古典的自然主義の論理」であると批判論駁されて、「第一原理の根本的改訂」（a radical revision of first principles）が要求され、その改訂の基礎として「キリストのロゴス」が据えられ、人類発展の論理の土台が置かれる。このようにしてローマ史にはキリスト教の影響により思想と行動との革命がもたらされたと説かれる。彼の言う状況の論理は政治史において最も顕著に示され、とくにキリスト教皇帝たちによる統治が失敗する原因がこの論理により見事に把握されている。そこにはローマの最盛期から西ローマ帝国の滅亡までの400年の政治史の流れの唯中にあって、これを動かす生ける論理が追究される。こうして激変する政治史とそれにイデオロギーを提供する文化史、さらにこの両者を支える哲学・宗教史という、政治・文化・宗教の三重的構成の歴史理解が展開する（コックレン『キリスト教と古典文化』金子晴勇訳、知泉書館、2018年参照）。

古代末期といわれる時代は200年以降西ローマ帝国の滅亡までの期間を言うのであるが、この時代の中心は東方のビザンツ帝国にあって、アウグスティヌスが活躍した西ローマ帝国にはなかったけれども、わたしたちがアウグスティヌスを理解する上で必要なかぎりで東方の文化を考慮していきたい。

西暦二〇〇年以降の政治的状況

ギボンが「五賢帝」の時代、すなわちネルウァ帝（96年―98年在位）、トラヤヌス帝（98年―117年在位）、ハドリアヌス帝（117年―138年在位）、アントニヌス＝ピウス帝（138年―161年在位）、およびマルクス＝アウレリウス帝（161年―180年在位）の時代にローマは最盛期を迎えていると考えたことは当時の記録からも証言が得られる。たとえば異教のローマに好意的でなかったテルトゥリアヌス（ca. 160-225）でさえも「世界は日ごとによく知られ、よく耕され、開化されてゆく。到るところに道路がめぐらされ、あらゆる地方は人の知るところとなり、また国として商人のためにその扉を開かぬことはない。楽しげな田畑は森林に進入し、牛や山羊の群れは野獣を駆逐した。砂漠にすら種子が蒔かれ、岩山はくだかれ、沼地も干拓された。今や都市の数はかつての茅屋の数にひとしい。暗礁と浅瀬も恐しくなくなった。生命のあるところ、いずこにも建物があり、人間の住み家があり、組織のよい政府がある」（テルトゥリアヌス『霊魂について』30）。このころにはローマ帝国は地中海周辺の広大な地域を政治的にも経済的にも支配し、最高潮に達していた(2)。

この時代に関するピーター・ブラウンの包括的な研究によると、200年頃にローマは最盛期を迎えており、その版図は北アフリカやスコットランドに、また近東に広がっていった。だから現在は荒涼とした砂漠になっているアルジェリア南部のティムガト遺跡には、かつて円形劇場や図書館、哲学者の彫像が並ぶローマ風の都市が存在していた。このローマ帝国の支配者たちは人種的な偏見や宗教的な偏見からは無縁であって、彼らが要求したのは文化的な画一性、つまり彼らとおなじ生活様式や教養を身につけることだけであった。また、ローマ帝国の西部ではラテン語、東部ではギリシア語を話せる能力が要求された。この条件を満たせない者だけが支配層の仲間入りを拒否された。ところが200年頃になると、総督や民衆がキリスト教徒に対して敵対的な態度をとるようになった。その原因はある執政官がキリスト教徒に対して「ローマ人の宗教を悪くいう奴等は我慢ならない」といっているところに明らかである（『古代末期の世界――ローマ帝国はなぜキリスト教化したか』宮島直機訳、刀水書房、２００２年参照）。

しかし、ローマ帝国の版図は時代の推移とともに少しずつ縮小していった。410年にはブリテン島が放棄され、480年にはガリア地方がフランク王国の支配下に置かれることになった。410年にゴート族がローマを攻略したことはよく知られているが、それで古代世界が消滅したわけではなかった。このような「ローマ帝国の衰退と滅亡」は、あくまでも西ローマ帝国について言えることであって、地中海の東部と近東では、あいかわらず古代世界は存続しつづけていた。六世紀から七世紀にかけて西欧に登場してきたフランク王国にとっても、コンスタンチノープルのローマ帝国は文明の中心であった。

西暦240年以降のローマ帝国内において、かつて経験したこともないような激動期を迎えることになった。この年から300年のあいだの出来事が、後のローマ帝国のあり方を決定づけることになった。248年にはドナウ川流域でゴート連合が成立し、260年にはフランク族がライン川流域に進出してきている。ところがローマ帝国は、この危機的状況に対処する準備ができていなかった。245年から270年にかけて、あちこちで国境線が破られることになった。312年にコンスタンティヌス帝がキリスト教に改宗してからは、皇帝や側近たちのあいだでキリスト教徒になる者が増えていった。こうして、324年から337年にかけて新しい支配層が登場し、4世紀にはローマ帝国の支配層がキリスト教化していくことになるが、それは、彼らの改宗を容易にするような「革命」が、この時、起きていたからである。

「新しい風潮」の誕生

ギリシア文化の伝統は200年には確固としたものとなり、古典教養のみならず医学、自然科学、天文学の知識が蓄積され、ヨーロッパやビザンツ帝国、イスラム教国に広まっていった。この古典教養が新しい支配層と伝統的な支配層を結びつける役割を演じている。だからローマの政治的支配層の頂点に立つ皇帝はその臣下に対し権力を抑制させる手段となったのは支配層の共通の紐帯としての教養であった。実際、元老院議員といえども、いつ皇帝の気まぐれで殺されるか判らなかったのであって、アウグストゥス皇帝によって築かれた政治制度といえどもその権力抑制の手段にはこの教養しかなかった。事実、帝国の支配体制が安定していたのは、古典教養を身につけた有能な役人たちの働きによっていた。古典教養は、かつての中国の科挙（官吏登用試験）と同じく、それによって皇帝の高級官僚となることができ、上層階級に通じる唯一の手段であった。それゆえ古典教養は立身出世のための手段ともなっていた。若きアウグスティヌスが父親の要望を入れて立身出世のため古典教養を身につけ、384年30歳でミラノに弁論術教師となり、さらにミラノの宮廷で有力者の支持をえて総督になることを志したのも当然の風潮であった[3]。

この時代には異教徒や異端者に対決する宗教論争が激しく展開し、教会では護教家たちが活躍した。異端者マルキオンとエイレナイオス、異教徒のケルソスとオリゲネスとの間に激しい論争が中でも有名である。その間に「新しい風潮」が起こっているとブラウンは指摘している。一般的には当時は伝統的な異教の考え方が支配的であって、唯一の至高神が諸州を治める総督のように支配していると信じられていた。ギリシアの宗教史におけるオリンポスの神々の支配がなお続いており、その姿は彫像、貨幣、壺などに描かれていた。この神々の庇護をえるためには、決められた儀式を行う必要があって、それを怠ると災難が起こると信じられていた。キリスト教徒が迫害を受けたのもこれを怠ったので、神々の怒りが地震や飢饉、さらに外敵の侵略などを引き起こしていると考えられた。ところが西暦170年以降になると、「新しい風潮」が生まれてきた。そこには次のような変化が生じていた。

(1) 個人の内面性を重視する思想の誕生

外的な世界と古い伝統から切り離されて、個人の内面的な世界が生まれてきた。それはマルクス・アウレリウス帝の『自省録』、哲学者プロティノス（Plotinus, 205-270）の神秘主義、グノーシス派の哲学などに表れている。ここには孤独な個人を内側から支える「大文字で書かれた単数形の神」が説かれるようになった。この神は、人類全体を一括して支配するローマの神々とは相違して、個別に人格的にかかわる神であった。伝統的な宗教は個人の救済を問題にせず、ただ漠然と聖なるもの、たとえば昔から伝わる宗教儀式、神聖とされる彫像、神託、神殿などに対して畏敬の念を抱かせるものでしかなかった。アウグスティヌスが『真の宗教』の末尾で問題にしたキケロとラクタンティウスとの宗教の定義の相違もここに由来している。(4)

(2) 世界を変える文化創造

ところが「新しい風潮」は、大きな神の力によって活かされていると信じる新しい種類の人間を生み出していた。3世紀から4世紀にかけてローマ帝国で活躍した人物は、いずれも「大文字で書かれた単数形の神」であれ、「小文字で書かれた複数形の神々」であれ、自分をその召使と信じて、その指示に従って行動していた。たとえば、教会組織を作り上げるうえで貢献するところが大きかったカルタゴ司教のキプリアヌス（在職248～258年）、帝国の改革に熱心であった異教徒のアウレリアヌス帝（在位270～275年）、キリスト教徒に改宗したコンスタンティヌス帝、ふたたび古代の神々を蘇らせて「背教者」と呼ばれたユリアヌス帝（在位361～363年）、さらには教父と呼ばれているアレクサンドリアのアタナシオス（アタナシウス、Athanasius, 298-373）や聖アウグスティヌスがそのよい例である。

(3)　改宗と啓示の相違

現代人にとっては「改宗」と「啓示」は密接に関連している。ところが当時の人たちにとってはこの二概念は完全に別のものであった。当時「改宗」（精神的な目覚め）というのは古典古代の教養を身につけることを意味した。ところが「啓示」は、無教養な者がなんの努力もなしに与えられるものであって、古典教養を無視したがゆえに哲学者たちの強い反感を呼び起こした。たとえばプロティノスによると「啓示」は理に反しており、伝統的な哲学のあり方を無視した偽りの哲学者を生み出すだけであった。また「啓示」によって改宗することは過去と決別することを意味し、それまで所属していた仲間集団とも決別することを意味した。

(4) 罪の意味の変化

「罪を犯す」というのは「判断をまちがえる」ことで、「間違った的を射る」という意味であったが、今やこれが目に見えない悪魔の力に操られた結果だと考えられるようになった。人が悪を志向するということは、それだけ悪魔の力が強まっていることを意味した（ブラウン、前掲訳書、44―49頁）。

キリスト教とヘレネス

ローマ帝国には教養階級と下層民という「二つの国民」が存在していた。一方では伝統を重んじる支配層は古典古代の伝統を守っており、他方ではそんなものに目もくれない下層民が対峙していた。2世紀末に新しく登場してきた宗教は、こうした根無し草のような人たちを捉えたのである。また商人や解放奴隷出身の役人、また教育を受けた女性などは出身都市から切り離され孤独であり、周囲の世界に情緒的な繋がりを感じなくなっていた。キリスト教は、そんな彼らのあいだに広まっていった。

この時代の変化がキリスト教の普及に大きく貢献し、予想に反して3世紀には一挙にキリスト教会が注目されるようになり、やがて312年のコンスタンティヌス帝の改宗に至った。それゆえ257年の迫害や303年以後に続いた迫害では、キリスト教徒個人だけではなく、教会組織も迫害の対象となった。キリスト教も、他の諸宗教と同じく現世に対しては否定的であったが、同時に全身全霊をあげて生活を改めるように導いた。それに反し他の諸宗教は、排他的な民族宗教を奉じていたが、自己以外の伝統的な神々に対しては寛容であった。

こうした変化にもかかわらず、この時代には過去の伝統が執拗によみがえってきた時代でもあった。それは「ヘレネス」（ギリシア至上主義者）と自ら呼んだ人たちの群れであった。「ヘレネス」たちは古代末期の混乱のなかで古典文化の復興を叫んだ人たちの群れであった。実際ヘレネスたちのおかげで古典古代の伝統がキリスト教会の知識人に継承されることになった。そのよい例がプロティノスとオリゲネスであった。二人とも新プラトン主義の開祖アンモニオス・サッカスの下で教えを受けて、豊かな教養を身につけ、一方はギリシア哲学の伝統を受け継ぎ、他方は同じ哲学によってキリスト教の教えを体系的に構築している。

新プラトン主義はキケロやセネカまたエピクロスなどの人生論的な哲学ではもはや生きられなかった人々が古典古代にまで遡って安心立命の境地に到達しようと志したことにつながっている。プロティノスの弟子たちのなかでも、チュロスのポルフィリオス（Porphyrios, ca. 233-ca. 305）は広範な学識をもってキリスト教を批判し、その学問の水準は一九世紀の啓蒙主義によるキリスト教批判に匹敵するといわれる。さらにその弟子イアンブリコス（Iamblichos, ca. 250-ca. 325）はコンスタンティヌス帝の甥にあたるユリアヌス帝を「ヘレニズム」信奉者となし、彼が「背教者」と呼ばれる道に導いた。

しかし4世紀に至るとプロティノスの遺産がキリスト教徒によって積極的に受容され、マリウス・ウィクトリヌス、アンブロシウス、アウグスティヌスによって文化総合がもたらされた。

コンスタンティヌス大帝の改宗

古代社会ではとくに王権は神聖なものと考えられていた。民衆は王に対し畏怖の念をもっており、これによって社会はその秩序を維持していた。どの社会においても社会的な秩序は通例、特権を与えられた人物が、すなわち人間たちの最高者であると同時に神々の最下位者として崇められた国王が、神話化されることによって行なわれた。したがって国王は死すべきものたちの領域と不死なるものたちの領域とをつなぐ鎖であったといえよう。バビロン神話のマルドゥクはバビロン市の守護神にして同時に太陽神であったことを想起すべきである。

新しい宗教のキリスト教に改宗したコンスタンティヌス大帝は、自分のことを「新しき使徒」(neos apostolos)と称したが、同時に「新しい太陽神」(neos helios)とも称した。

ここでは皇帝崇拝とキリスト崇拝との混交が行われている。当時のビザンティンはなかばキリスト教的で、なかば異教的であった。これは新しい時代を迎えているとはいえ古い伝統的な支配形態が残存していることを示している。このことは伝統的な儀式、たとえばプロキプシス(Prokypsis)の儀式(5)また支配者に平身低頭する「崇拝平伏」(プロスキネーシス Proskynesis)にも、さらにビザンティン軍隊の忠誠宣誓は「神、キリスト、聖霊、および皇帝陛下」の中にも明白に示されている。

こうしたキリスト教徒と異教との混交が行われたのは主として、コンスタンティノープルを第二のローマとして脚色し、第一のローマの偉大な伝統と偉大な威光に固執しようと意図したことに求められるが、この皇帝崇拝は上流階級である土地の権力者たちに向かって訴えざるをえなかった一つのイデオロギーであった(スターク、前掲訳書、13頁)。しかし、キリスト教の立場から見ると、皇帝を太陽王として崇拝することは多くの殉教者たちも拒否したことであり、皇帝崇拝は初期の教父ユスティノスの例を出すまでもなく生命をかけても拒絶された。キリスト教は、ユダヤ教と同じように、人間の弱さと神の全能とを峻別し、この点では和解の余地は全くなかった。しかし、ローマ帝国の西部と東部の相違点としてとくに重要なのは皇帝に対する忠誠心であり、東部では皇帝に対して強い忠誠心をもつ豊かな住民が多かったのに反し、帝国の西部ではそのようなことはみられなかった。

312年にコンスタンティヌス帝がキリスト教に改宗したのは、すでに二世代まえにローマ帝国の支配層にとって、キリスト教が重要な宗教となっていたからである。このことはオリゲネスの思想を見るとよく分かる。彼によるとイエスがキリスト教会を創ったのも、アウグストゥス皇帝がローマを創ったのも神の意志に沿ったことであった。したがって、キリスト教徒がギリシア哲学を受け入れ、ローマを受け入れることは神の意志であった。彼のこの思想はコンスタンティヌス皇帝の政治顧問カエサレア司教のエウセビオスを通して政治的に実現されている。それゆえキリスト教だけがギリシア哲学のよき伝統を守り、古典古代以来の伝統的な倫理を維持できると主張したのである。崩壊の危機に直面しているローマ帝国を救いうるのは、キリスト教の神だけだと彼らは主張した。こうして世界は今やキリスト教皇帝の時代に大きく変化することになった。

皇帝ユリアヌスの背教

ユリアヌス帝は先に触れた「ヘレネス」の代弁者であった。彼はキリスト教の教育を受けながらも、彼の叔父コンスタンティヌス帝（在位 306-337）やコンスタンティウス二世帝（在位 337-361）の治世下で目立ってきた伝統的な神々に対する不敬や常軌を逸した成金趣味、思想的な混乱などを苦々しく思っていた。彼が問題にしたのは古典的な教養を身につけているはずの支配層が、簡単にキリスト教を受け入れていったことである。それはコンスタンティヌス帝やコンスタンティウス二世帝に対する迎合にすぎなかった。彼が異教の儀式に出費を惜しまず、また神官を優遇したのは、異教の神々の存在を誇示するためであった。彼は宮廷に「禁欲」を強制し、支配層の義務として神官たちを保護し、貧民の面倒をみるように仕向けた。363年にキリスト教徒はギリシア文学を教えることが禁じられるが、それは「キリスト教徒には新約聖書がある。キリスト教徒は教会でそれを教えていればよい」という考えであった。彼は363年に31歳という若さでペルシア遠征で戦死している。もし彼が長生きしていれば、ローマ帝国の支配層はキリスト教を放棄していたことであろう。

皇帝ユリアヌスの反動的な政策はローマ帝国にキリスト教の力がもはや無視できないほど大きな勢力となってきていることを実証している。ギルバート・マレーによるとギリシア宗教の第一段階はゼウス以前の「原始的無知の時代」であり、第二段階は「オリュンポス的、あるいは古典的段階」と呼ばれ、第三段階はプラトンから新約時代に至る「ヘレニズムの時期」であるが、第四段階はプロティノスが属するヘレニズム後期の大衆的な運動の時期である[11]（マレー『ギリシア宗教発展の五段階』藤田健治訳、岩波文庫、16―19頁）。その最終段階はユリアヌスによるキリスト教に対する最後の精神的抗議をした時期である。それは歴史的には影響が少なかったとしても、ギリシア精神の復興の試みであった。

注

（1）コックレンはこの書物のほかに Thucydides and the Science of History を書き、最初はオックスフォードでコリングウッドらと共に活躍し、その後トロント大学に転じた。

（2）ウォーバンク『ローマ帝国衰亡史』吉村忠典訳、岩波書店、1963年、33頁。「創意をこらした国境線に囲まれるこの巨大な地域は単一な経済的統一体をなし、若干の点を別とすれば、自己の需要をみずから満たしうるものであった。アウグストゥス（かつてのオクタヴィアヌス）が紀元前31年にアクティウムの海戦でアントニウスを破ったのち帝政を樹立すると、以後帝国はほぼ二世紀半にわたって「ローマの平和」がもたらすあらゆる福祉を享受した。帝国の住民は外戦の恐怖と負担から解放されて、商業、工業、農業などの平和な営みに専心することができた。地中海での海賊はほとんど知られず、陸上ではよい道路が旅行を容易ならしめた。文化的にも政治的にも、帝国は一つの統一体をなしていた。

（3）ブラウンは前掲訳書で「教育によって古典教養を身につけ、さらに肉体を鍛えて古代の彫像のような見事な肉体をもつことが当時の人々にとって共通の理想であった」と述べている。古典教養が立身出世への鍵を握っており、元老院議員の家庭に生まれたアンブロシウス（c. 229～397）の例外はあっても、学者や他の教父は、アウグスティヌス同様に名もない地方の出身者であった。たとえばプロティノス（205～270）はエジプトの出身であったし、ヒエロニュムス（c. 342～419）はストリドン（スロベニア首都リユブリアナ近郊）の出身であった。また、ヨアンネス・クリュソストモス（c. 347～407）はアンティオキアの軍人の家庭に生まれている。

（4）アウグスティヌス『真の宗教』55・111参照。キケロ『神々の本性について』第2巻28節、72頁、邦訳134頁。「神々への信仰にかかわるあらゆる問題を注意深く再検討し、いわば〈読み直す〉(relego)ことを行った者たちは、この〈読み直す〉行為にちなんで〈敬虔な者〉(religiosi)と呼ばれたのである」。

（5）「一年のある時期に、たとえばクリスマスや三国王祭の際に、高い演壇が建てられた。その高座はまずカーテンでおおい隠されたが、そのカーテンは、特徴的にも、〈雲〉という名で知られていた。次に廷吏の合図にあわせてカーテンつまり〈雲〉が開かれ、そして国民は皇帝が数え切れないロウソクの光に照らされて、そこに立っているのを見たのである。これが太陽の象徴的表現であることは全くあきらかであるが、その起源と原型は学術的にもキリスト教以前に遡りうるものであった」（ヴェアナ・スターク『宗教社会学』杉山忠平・杉田泰一訳、未来社、1979年、14頁）。

［談話室］　古代末期かキリスト教古代か

これまでアウグスティヌスが活躍していた時代は、「古代末期」とも、「キリスト教的古代」とも呼ばれてきた。キリスト教の立場から古代末期を考察すると、「キリスト教的古代」と呼ばれるであろうが、それは一時代前の研究家、たとえばトレルチの歴史研究がその著作の題名が『アウグスティヌス――キリスト教的古代と中世』１９１４年となっていたのを見ても明らかである。しかし現在はその時代の研究が発展しており、ヨーロッパ古代全体から考察するとローマ文化が衰えを見せ始めたとしても依然として支配的であるところから、「古代末期」と言われるようになった（ジュリアン・クラーク『古代末期のローマ帝国――多文化の織りなす世界』足立広明訳、白水社、第1章参照）。確かにキリスト教のローマ世界への影響がはじまっているとはいえ、異教ローマの世界は依然としてその勢力を保っており、輝かしいキリスト教の勝利などあり得ないというのが現実であると言えよう。したがってアウグスティヌスの『神の国』を理解するためには彼が活躍していた時代の背景についてさらに研究すべきであることが要請され、かつ、期待されているのは確実である。このように現代では歴史の現実を再考察する試みが求められていると言えよう。

2　不安な心の足跡を訪ねて

はじめに

ゲーテは彼の自伝的作品『詩と真実』第二部の冒頭で「青年時代に求めたものは、老年において豊かに与えられる」と言う。このことはこれから語るアウグスティヌスの生涯と思索でも明らかにされるのであって、青年時代に彼が何を苦しみ、問い、追求したか、そして如何にそれが解決に導かれたか、を考察してみると、わたしたちはゲーテの言葉の真実性をあらたに認識させられるであろう。だがアウグスティヌスの思想がわたしたちに対しとくに興味をひくのは彼の時代とわたしたちの時代との親近性による。そしてわたしたちは彼の若き日の体験から彼の思想を解明したいのであるが、彼の個人的体験が同時に時代の苦悩の震動を全的に体得している点を注意しなければならない。それは実に不安に満ちた心の歩みとして記されている。彼のその歩みを不安な心の軌跡として辿ってみたい。

古代末期の思想状況

アウグスティヌスが立っている歴史的位置と思想的な境位は古代末期であり、古い時代の思想的価値体系が没落せんとしていた過渡期、歴史家ドーソンの言葉を借りれば、「瀕死の世界」(dying world)であった。ローマ帝国はみずからの危急存亡に際しキリスト教を採用し、帝国の回復を計ったが、その企ては見事失敗に帰した。コックレンが言うように帝国は根底から更新(regenerate)されなければならない状態にあった。このような時に、アウグスティヌスという一個の人格のうちに古代世界の精神的支柱であった諸思想が流入し、歴史のきびしい試練に見舞われたのである。したがって彼は学問的にもわたしたちの関心をそそる歴史上きわめて少数の偉人の一人である。とくに古代世界の政治的イデオロギーの主要な源泉であったギリシア思想とそれに原理的に異質なキリスト教との関係、たとえばハルナックが言う「福音のギリシア化」とか、またそれに反対してティリッヒが説く「聖書宗教の基礎に立つ存在問題の採用」という学問上もっとも重要な問題がわたしたちの関心をそそるのであるが、この二つの思想の融合が根本的に生じたのがほかならぬアウグスティヌスその人であったことは周知の事実である。確かに、彼のうちに流入した新プラトン主義にはプラトンからストア派に至る全ギリシア哲学と古代末期の神秘主義を反映している宗教性とが融合していたのであって、ここでの神学的認識の立場と神秘主義的体験の立場との二者が、彼の中でキリスト教の信仰と結合されるようになる。もちろんアウグスティヌスはキリスト教の信仰の立場から、すなわちアタナシウスやバシレイウスから受継いだ三位一体的キリスト教の立場からそれらを批判的に摂取したのであるが、認識・体験・信仰の三者は彼の人格と思想の中で矛盾したり離反したりすることなく結合されていた。しかしこれら三者は中世に入ると、社会構造の歴史的変遷と相俟って解体分化し、トマス、エックハルト、ルターという偉大な思想家たちを生み出しながら中世は近世へと移り行くのである。

探求者アウグスティヌスの姿

ところでわたしたちはこのような歴史的状況と精神史的境位のもとにあるアウグスティヌスその人はいかなる人物であったかと問うてみたい。なぜならわたしたちがアウグスティヌスに関心をもたせられる理由は、単に学問的関心のみではなく、彼の人格と人柄そのものにも個人的にも関心をひかれるからである。ハルナックはアウグスティヌス的人間とゲーテのファウストとを比較し、両者の類似性を指摘する。というのは真理を探求せんとする燃えるがごとき情熱、絶望の淵でのたたずまい、永遠の愛による救いなどの類似性がそこに見られるからである。だがアウグスティヌス自身の人となりにもあのファウスト的二元性が認められる。異教徒だった父から受け継いだ抑制されない生の享楽、飽くことのない名誉心と世知に富んだ知性、これに対し敬虔なキリスト教徒の母モニカから受けた優しく温い心情、高貴な魂、清い愛とが彼のうちに二元的に対立抗争し、相争って激突し、ここからあの豊かな精神的内面の世界が形成される。これはあたかもプラトンのエロースのごとくであり、エロースの神がポロス（豊富）とペニヤ（窮乏）から生れ、哲学の地盤となっているのに似ている。このエロースが知識の観点から見られるとき、「無知の知」ということがプラトンによって示唆的に説かれているのであるが、この「無知の知」（docta ignorantia）という術語もアウグスティヌスに発するとされているのも不思議ではない。このような心情と精神的内面性から生じる豊かな思想は、とくに彼の生前にも、人々に親しまれ、最もよく読まれた、『告白録』という書物に生き生きとした姿をもって表現されている。『告白録』はわたしたちがみずからの姿を写し見る鏡であるとも言われており、そこでの自己省察と内省分析によるる思索の方法こそ彼をして「最初の近代人」たらしめている。それゆえにわたしたちは個人的な関心を彼に感じて魅了されるのであるが、告白といっても、単に近代的自我の目覚めから生じる自然主義的な告白文学とは異質である。というのは、「告白」が同時に神の「讃美」をも意味しているからである。つまり告白は自己意識の産物ではなくて、神意識の原点となっている。

思想の根源的な場としての「不安な心」

アウグスティヌスの生涯と思想を知るためには『告白録』と一緒に彼が晩年に全著作を批判検討して書いた『訂正録』が読まれなければならない。これらの書物を読むと、彼の若き日の体験と思索が次第に深まり、進歩し、発展していることが明らかになる。とくに司教に就任した年を境として、彼の思想が哲学的傾向から神学的傾向へと移っていることが指摘されよう。後に明らかにされるように、わたしたちは彼の生涯と思索における内的発展を確認できるのであるが、それにもかかわらず彼の生涯を通して首尾一貫した生活感情と思索の態度とをまず把握しなければならない。それは偉大な思想家たちのうちに、内的な、あるいは外的な歴史的諸条件によって影響を蒙《こうむ》りながらも、首尾一貫して保持され、維持されていて、彼らの思想でとくにきわだった特徴をなしている。それはみずからの根源から原理的に思考する態度であるといえよう。その一点を押すと、彼らの全思想が生きて動く支点、地球をも動かすアルキメデスの点を彼らは所有している。アウグスティヌスでもそのような点が求められなければならない。これこそわたしたちが探求しようとしている「不安な心」のあり方・構え・情態性の中に見出されるものである。この魂の構えから「告白」という彼の根本的態度が生じて来る。それゆえ、わたしたちはまず「不安な心」の「心」について考えてみなければならない。

アウグスティヌスは生きた人間として思惟し、探求する。哲学的認識ということが問題となっているときも、認識と認識する者のあり方とが絶えず結びついて考えられている。したがって、自己の問題のみならず、外界の事物や事象をもみずからに関係づけて考察しようとする主体的態度を彼はもち、さらに神を問題とするときにも「みずからの内よりもさらに内に」神をとらえようとする。「しかし神よ、あなたは、わたしの最奥よりもなお奥に、わたしの最高よりもなお高くいました」と彼は言う。このように外界の事物や神を対象とする形而上学的思惟に先立って、否、形而上学的思惟の根底に、主体的で内面的な魂（プシュケー）の学、したがって言葉の本来的意味での魂の学としての心理学が存在している。このような心の学としての心理学による思索は今日の言葉で言えば実存的とも言うべきものである。

それゆえヴィンデルバントはアウグスティヌスの哲学を「内的経験の形而上学」と呼び、ベンッは「魂の形而上学」と呼んでいる。これらの規定は、絶対的真理という哲学的概念がキリスト教の唯一神と全く融合している、アウグスティヌスの哲学を見事に言い表しているものといえよう。このように彼の哲学は「内的経験」とか「心」とかいう性格をもつものとされており、彼の鋭い自己省察と内省分析によって解明されている独得な領域こそ、それ自体不変である真理が人間の精神に触れる場所、もちろん空間的な場所ではない、したがって霊的な、実存的な場である。この実存的場の根本的な構えを彼は「不安な心」(cor inquietum)という言葉で簡潔に表現している。実際、不安という人間の状況は今日キルケゴールによって摘出され、ハイデッガーにより実存の根本的あり方、世界−内−存在という人間の根本的情態性として哲学的考察の中に据えられている。このような意義をもっている不安という状況こそアウグスティヌスの全思想の根底に看取されるものであり、彼の思想を産み出し、形成している重要な源泉となっている。

不安な心と「神への対向性」

だが、アウグスティヌスは内省的心理観察と分析とによって不安な心の情態を把握し、記述して行ったのかというと、決してそれだけではない。不安な心の記述は、その救いという地点からして、初めて真の深さに由来する深淵的性格を帯びて来ている。そこには心の内的な運動があって、神から（ab Deo）背き、脱落し、罪の中に落ち込んでいる心が、神に至るまで（in Deo）不安である、と彼は言う。心が不安で安きを得ないのはそれが元来、神に向けて（ad Deum）造られているからであると彼は説明している。神に向けて造られているという心の構えをわたしたちは「神への対向性」と呼ぶことができる。よく好んで人々が引用する『告白録』巻頭の言葉、「あなたはわたしたちをあなたに向けて造りたまい、わたしたちの心はあなたの内に安らうまでは不安である」には、この対向性が端的に表明されている。それゆえ彼の考えの全体を示す根本的な思想はこのように導く神を讃美すること（laudare te）にある。

この文章に先行するアウグスティヌスの考えを説明してみると次のようになる。彼はまず旧約聖書の詩編の言葉を引用し、神の偉大さ、その知恵のはかりがたさを述べ、そのような神に対し、人間がいかにはかない存在であるかを語る。人間は神の彼造物の極微な存在に過ぎない。しかしこのような極小な存在にもかかわらず、人間はみずからの分にとどまることができない。被造物の極微という徹底した被造物感にとどまることができず、みずからの極微の自覚から神の偉大さを讃美する謙虚さを喪失し、自分に気に入り、みずからを土台とも根源ともなして、神にも等しき存在であるかのごとく振舞う。これこそ傲慢であり、神はこれにいたく抗したもう。その結果人間は罪の報いとしての罰をこおむり、罪責感にさいなまれる。こうして「自己の罪の証拠」を身に負うことになる。このような人間に対し神は救いの御手をのばし、再び神を讃美するに至るように呼びかけ、招きたもう。なぜなら神は人間を神に至るように造られたのであるから……と続いている。したがって神を讃美するというアウグスティヌスの思想にはこのような内容がある。しかも、続く叙述をみると、讃美ということが、彼の中心問題であるとされる認識（intelligere）や信仰（credere）よりも、さらに高次の立場であり、認識や信仰が帰着する究極であると説かれている。

　このようにして見て来ると、わたしたちはアウグスティヌス的不安とはいかなる背景と内容とをもっているかを理解することができる。不安は単なる人間の性質ではない。それはむしろ人間の自覚である。しかもマイナスの自覚であり、本来的あり方を失った喪失感・欠如感をともなうが、それが自覚されている限り、本来的あり方を模索し、指示し、尋ね求める。彼の場合、本来的あり方は神を讃美することにあるが、それに至る信仰や認識は、神の人間に対する呼びかけから生起するのであり、その神の呼びかけは神から離反し、脱落し、罪責感に苦しむ不安な心に向けられている。不安な心はみずからの負（マイナス）の存在を自覚し、それゆえに、本来的あり方を求め、模索しはするが、それ自身のうちに神に至る道をもっていない。だからアウグスティヌスは自分の外に救いを求めざるをえなかった。それゆえ単に魂の心理学的観察や分析をなしているのではなく、回心と救いの体験が何よりもまず彼のうちに成立し、救いという地点からみずからが辿って来た不安な心を観察するときに初めて不安な心の真の理解に達している。それゆえジルソンがアウグスティヌスの哲学を「回心の形而上学」と規定していることにも意義深い洞察が含まれている。そこにはまた救済の経験から一切の事物や事象を解釈しようとする解釈学的手法が示されている。こうして不安な心がたどる道程が明らかになる。それは神から背いて（ab Deo）―神に向かって（ad Deum）―神に至るまで（in Deo）という道程である。このように心の心理学的な観察の根底には神学的な視界が拓かれて来ている。

さて、不安な心の道程はアウグスティヌスの生涯と思索から最も明らかに解明される。否、実はこの道程が彼の生涯そのものである。それゆえわたしたちは彼の不安な心の軌跡をたずねながら、それがいかにして救済と宗教的な自己理解に達していったか、この二点に焦点を絞って考察してみたい。

[談話室]「とれ、よめ」の意味

アウグスティヌスは『告白録』の第9巻で次のように告白している。「私はこう言いながら、心を打ち砕かれ、ひどく苦い悔恨の涙にくれて泣いていました。すると、どうでしょう。隣の家から、くりかえし歌うような調子で、少年か少女か知りませんが、「とれ、よめ。とれ、よめ」という声が聞こえてきたのです。瞬間、私は顔色を変えて、子どもたちがふつう何か遊戯をするさいに、そういった文句をうたうものであろうかと、一心に考えはじめました。けれどもどこかでそんな歌を聞いたおぼえは全然ないのです。私はどっとあふれでる涙をおさえて立ちあがりました。これは聖書をひらいて、最初に目にとまった章を読めとの神の命令にちがいないと解釈したのです」。

このtolle, legeについては多くの解釈があって、これはまったくの文学的虚構であるとする説や、主として『アントニウスの生涯』の読書体験による創作であるとも考えられた。しかし、これに反対して、この記録の真実性を肯定する人の中にも、この「とれ・よめ」の意味について、それは子どもたちの「錨をあげよ、綱を巻け」という舟あそびの歌であるとか、「投げよ、集めよ」

という小石あそびの歌であるとかいう説もある。

アウグスティヌスは「とれ、よめ」の声を聞いて、そこに置かれていた聖書を開き、最初目に触れた言葉を神からの言葉として受け、これに従うことによって回心した。これはアントニウスが教会で朗読された聖句に従って修道生活に入ったという模範に倣うものであった。神の言葉を聞いて信じるというのが彼の信仰と霊性の特質である。それは「心のドラマ」を生み出した張本人であった。

3　心の対向性――『告白録』の「心の哲学」

初期の著作でアウグスティヌスは「心」(cor) 概念をあまり多く用いていない。それはカシキアクムの哲学的対話編ではほとんど用いられていなかったのに、それに続く『魂の偉大』の中ではじめて詩編51編10節の「清い心」の引用により用いられ (De quanti. animae, 33,75)、さらに『カトリック教会の道徳』では聖書的な概念として採用された。それはマタイ福音書第22章37節「心をつくし、魂をつくし、精神をつくして主なるあなたの神を愛せよ」からとられた聖書的言語である。しかし、「心」は「魂」(anima) や「精神」(mens) と同義概念として用いられているにすぎず、初期の著作に属しているこの作品では「心」は「魂」や「精神」という指導的な概念によっておおわれていて、後に展開をみるような意義をいまだ得ていない。この書物では人間は「魂」と「身体」との二つの実体から成ると考えられており、「精神」は「魂」のうちなる優れた認識の能力であるが、人間の全体的人格を示すようになる「心」の概念はいまだあらわれていない。人間を魂と身体との複合的実体とみる立場からは、人間の全体的在り方を内面的にとらえることは不可能であると思われる（本書、第4章を参照）。

「心」概念がもっている独特な主体的性格は『告白録』の中ではじめてもっとも意味深い概念として明確に表明された。これがいかなる原因によるかは不明であるが、少なくとも二つの点は明らかである。その一つは『告白録』にみられる旧約聖書の詩編からの夥《おびただ》しい引用であり、もう一つは自己の生涯の歩みを全体約に把握しようとして、しかも一つの観点から解釈しようと試みていることとである。詩編の祈りの形式に加えて、神や他者また自己に対して心から語りかけることによって、心情に訴える思考が成立している。他方、自己の全生涯を救済という観点から解釈しているため、真の自己存在に至る道が自己の辿る道として把握され、心の概念が内面的性格を著しく示すものとなっていた。「心」概念によって示されている独自な視点は『告白録』に先立つ著作ではほとんどみられないものであって、形式の上で『告白録』に似ている初期の作品『ソリロクィア』やその続編に当たる『魂の不滅』は哲学的思索の深まりを示しているにしても、なお、本質的には神と魂について古代的観点に立っているといえよう。神は真理の光のうちにいまし、光によって魂を照明する。人間の精神は魂の永続的な中心として永遠的なるものに直接関係し、光の照明を受けて活動する。このような観照の生活こそ最高の目標であり、永遠者の認識は精神を感性的世界の繫縛《けいばく》から脱せしめる。このような思想の根底に存在している人間観は古代的な二元論、つまり精神と身体、理性と感性の二元論であり、しかも理性による認識が重視され、魂が感性的なものによって触発されることにより生じる情念の動揺は低く評価されている。だから、初期の倫理学的著述、たとえば『幸福な生活』や『自由意志』第1巻には知者という古代的な理想像が前景に現れ出ている。

ところがアウグスティヌスは古代的な思想や理想にとどまることはできなかった。というのは、彼が自己の現実の生活について哲学的な思索を展開させたとき、これまでの人間の生き方を担い、支え、形成し、保護してきた古い秩序は崩壊に瀕しており、古代の文化的価値は無力であることを露呈し、新しい世界が求められていたからである。つまり、世界像の急激な変革期にあったからである。宗教史学派の代表者ライツェンシュタイン (Richard Reitzenstein, 1861-1931) によれば、『真の宗教』を書いていたときのアウグスティヌスはいまだ古代的思考に立っているが、司祭への叙任を契機として彼は中世キリスト教的思考を開始したのである。(1) この変化はそれほど明確ではないにしても、やはり実際に生じているのであって、古代的な要素をなお保存しながらも、決定的に新しいものが生まれつつあった。この点はストア哲学に対する彼の態度や新プラトン主義に対する彼の評価のなかにかなり明らかに示されている。つまり、ストア派の哲学者たちが説いた道徳的方法をもってしては人間がもはや生きることができないという問題意識は、倫理から宗教への道に彼を向かわせた。たとえばキケロの書物のなかにはキリストの御名がなかったと彼は言う（告白録Ⅲ・4・8）。そこに彼は不満を感じた。また、新プラトン主義の書物は彼に宗教的なものを享受させているが、そこにキリストが神の言葉として語られていても、神の言葉の受肉としては語られていなかったと彼は言う（前掲書、Ⅶ・9・13）。

初期の作品は彼が新プラトン主義を受容し、その影響を深く受けていることを示している。彼はマニ教から脱出する際に、この哲学に負うところが大きかった。この哲学がもつ内面性は、彼の思想に影響することによって古代的要素として残り、彼の思想を理解する上でもっとも重要なものである。だが、それにもかかわらず『告白録』に至ると、初期の精神的雰囲気は根本的に変化し、古代的思考に代って新しい人間観が確立していることを認めないわけにはいかない。このような変化を、実は、「心」概念が雄弁に物語っているのである。「心」は内面性である。しかし、内面性といっても単なる精神としての人間の実体や機能をいうのではない。「心」としての内面性は彼の全身全霊をもって関わっている神との関係のなかで、他者に関わる間柄的人格性として把握されている。この「心」概念によって新プラトン主義とは異質の人間の理解が示されている点に注目しなければならないであろう。神の前に立つ人間は他者と関わる人格として、有限ではあるが、同時に神の愛の対象として立ち、永遠的な意味をもつ存在である。このように神との関係をもつ人間は、人間性一般という類概念によっては理論的に考察できず、一人びとりの独自な自己という主体的性格をもっている。「心」の概念がこのことを端的に示している。

「心」は「わたしの心」(cor meum)であり、個別的なものである。しかし、わたしの存在の全体を語っている。「いかなるものであれ、わたしの心のあるところ、そこにわたしは現存する」(『告白録』X・3・4)。だから「わたしは心である」(ego animus. —同X・16・25)とも言われている。ここでは「心」(cor, animus)は内容的規定が与えられていないが、「わたしの心」として個別的な生き方にかかわる一回性と全体性をもち、他者と共有する一般的な性質をかえってしりぞけている。だから「心霊」(animus)という語が用いられていても、「心」(cor)と同様の意味であって、アリストテレスの『心理学』(De anima)で扱われているような、万人に共通し、同一の法則に服する霊魂の一般的考察は行なわれていない。アウグスティヌスの「心」の概念には人間の生き方を示す意味が含まれていると思われる。それは人間存在の深奥なる「核」(medulla)や「奥底」(intimum)を意味しながら、同時にこの深みにかかわる永遠者との邂逅《かいこう》・対話・帰依といった出来事が生じる場である。それゆえ、心を対象として客観的に論じてゆく態度、つまり距離をおいて冷静に観察する方法は採られず、むしろ神や他者に人格的にかかわって動的に展開する運動の相の下に、しかも苦悩や歓喜を伴うものとして、「心」はたえず語られる。このような「心」概念の動態はとくに『告白録』の中で彼の救済に至る道としてドラマチックに描かれる。

ところで「心」を捉えているアウグスティヌスの哲学的思索はもっぱら人間そのものに向かっている。そこには自然や社会といったものによって庇護を得ている人間ではなく、赤裸々な人間の現実が問われる。しかし、彼が驚嘆の念をもって発見する人間の謎と深淵とは、けっして世界と無関係な孤立した存在に見られるのではなく、世界のなかにあって他者と関わり合っている人間の生き方に見られるものである。彼は『ソリロクィア』の中で神と魂を知ることを哲学の唯一の課題として立てた。この神と魂とは古代的人間観からいえば、世界を排除し無視しているといえよう。古代人の考えによれば魂は神と世界の間に立つ存在なのであるから、「神と魂だけを知りたい」ということは、世界から逃避する方向に彼が立っていたことを示している。このような傾向は、新プラトン主義的 omne corpus fugiendum est.「わたしたちは身体をすべて避けるべきである」に端的に示されていたように、初期の作品に顕著に見られるものであるが、彼の「心」の哲学が単なる世界逃避において成立しているとは考えられない。もし彼の「心」、つまり自己が日常的世界からの離脱において成立しているとするならば、現代の実存哲学と全く同様の傾向をもつことになろう。しかし『告白録』で明らかに示されているように、魂は神と世界とに関わりながら存在しており、魂の存在の具体相は「心」の概念において表明されている。心は神と世界との関わりで自己の在り方を理解しながら、つまり解釈学的了解において現存している。この理解の仕方が全面的に転換する出来事が彼の回心と救済となって表現されているのであって、世界からの逃避ではなく、世界への関わり方が根本的に変化していることが知られるのである。

わたしはこのことを彼自身の心の歩みを主題としている『告白録』を手がかりにして解明してみたい。そこでまず『告白録』第一巻と第二巻を資料として用い、『告白録』冒頭の「不安な心」(cor inquietum)を問題にし、次に第三巻から第九巻までを考察して「心」概念のもつ人間的な意義を探求してみよう。

「不安な心」(cor inquietum)の解釈

『告白録』の初めにある文章の中で「不安な心」が端的に次のように語られる。

「あなたは人間を呼び起して、あなたをほめたたえることを喜びとされる。あなたは、わたしたちをあなたに向けて造られ、わたしたちの心は、あなたのうちに安らうまでは不安だからである」(『告白録』Ⅰ・1・1)。

Tu exitas, ut laudare te delectet, quia fecisti nos ad te et inqietum est cor nostrum, donec requiescat in te.

このテキストの分析に先立って、これまで行なわれてきた解釈をあげてみたい。ただし、このテキストのなかに「不安な心」、つまり「わたしたちの心は不安である」とあって、人間の心の根本性格が「不安」として明らかに述べられている点をあらかじめ注意しなければならない。というのは、この「不安」をどのように捉えるかによってさまざまな解釈が生まれてくるからである。「心」はいまや明瞭な規定が与えられ「不安」として語りはじめられている。次に「あなた」(tu)と語りかけられている相手に注意を向けてみなければならない。この「あなた」は「あなたに向けて」(ad te)「あなたのうちに」(in te)と言いかえられ、前置詞をもって神に対向してゆく心の運動が述べられる。この運動をどのように把握するかによっても解釈が分かれてくる。

(1) 宗教心理学的解釈

今世紀の最初のころにはアウグスティヌスは宗教心理学的に理解されることが多かった。ヴンデルレ、ティンメなどがよく知られているが[2]、なかでももっとも有名なのは教義史家アドルフ・

フォン・ハルナックである。彼の『告白録』についての研究は宗教心理学的であり、わたしたちが問題にしているテキストの解釈でもその点は明らかである。彼は次のように主張する。「宗教はある素質から生じる。アウグスティヌスは〈心〉をもって、すなわち人間のもっとも内的な部分をもって、この素質の所在とみたが、この哲学的でない概念をさらに詳しく規定しようとはしなかった。彼は自分が観察した以外のことについて語るのを好まない一人の心理学者として、素質をただ心のなかにある神に対する傾向と記している[3]」。

ハルナックによると、人間はこの心のうちなる傾向に最後まで従い、神のうちに憩わないならば、心の奥底において不安を感じ、つねに不幸である。それにもかかわらず、神への傾向と衝動とは人間のうちに生き続けている。これが自然が備えている宗教に関するアウグスティヌスの見解であり、宗教は生まれながらに植えつけられた心の傾向性であって、心の「不安」に対する「安息」つまり安心立命をもたらすものこそ宗教にほかならない。しかし、このような自然素質や傾向だけで宗教は成立するのではなく、この素質を完成させ、傾向を満たす歴史的なもの、つまり「説教」が加わってはじめて、心の源泉は力に満ちて生き続けるが、さもなければ枯渇してしまう。したがって心理学的素質と歴史的説教との二つの要素を宗教のなかに区別したところにアウグスティヌスの最高の価値があり、『告白録』巻頭のテキストはこのことをよく表現している。このようにハルナックは説いた。しかし、このような心理学的考察に対し、ルドルフ・オットーは批判を加え、「アウグスティヌスは、魂について述べるとき、奇跡の歴史を語っていることを感じている。彼の心理学はなかばヌミノーゼ〔神的なもの〕の学である[4]」と言う。

(2) 神学的・人格的解釈

ハルナックの宗教心理学的解釈と対立しているのはネールゴールやシュルツの神学的解釈であり、神が人間に対し活動し、人格的に働きかけているという神の側から、あの『告白録』のテキストは解釈しなければならないと説かれた。ネールゴールは言う、「『告白録』の序論（第1章–第5章）で神への問いはまず純粋に宗教的に答えられている。神はわたしの主にほかならない。アウグスティヌスはその後このことを理論的にいっそう解明しようとする。キリスト教的人格的神概念は存続しており、紛れもなく主旋律をなしている[5]」と。ネールゴールは『告白録』の序論全体の構成からアウグスティヌスのテキストを解釈しようと試み、序論に出ている抽象的で哲学的な神の概念規定とならんで、かつ、それに対立するように述べられているキリスト教的人格神の観念をとりだして強調した。したがって人間の心の不安も神の積極的な働きかけから理解すべきであって、宗教心理学的解釈は妥当しない。神は無限に積極的な意志であり、人間の憧れや追求の対象ではない。神は人格的応答を求め、宗教的交わりを要請している。神こそ人間にとっていっさいであり、唯一の救いであることを、『告白録』冒頭のことばは述べている、と説かれた。

同様にウェルナー・シュルツも「不安な心」は心理学的事実ではなくて、神自身によって求められている存在の法則であると説く。心の不安は聖なる神の呼びかけに対して畏怖をもって応答する内的緊張である。そして不安が大きければ大きいほど歓喜と平安は神のもとで大きい。「このような緊張の中でのみ心は生きる。心は生をただ死のもとでのみ、歓喜をただ苦悩のもとでのみ所有する」。これが「不安な心」の存在の法則である。(6)

(3) 実存的解釈

この解釈はグアルディーニやケルナーによって試みられたが、ここではグアルディーニを代表とみて、その主張しているところを問題にしてみよう。彼は『告白録』の序論を詳説した書物を書いた。彼によると『告白録』冒頭のテキストにはアウグスティヌス的人間の観念が根底にある。人間は創造の神から離れており、自己自身のなかで勝手に振舞うようになった。それは一般「もの」の現実にすぎない。「もの」はそれ自身のうちに根拠をもち、自己完結的な円環を形成している。「これに対して人間の姿は弓形をなしており、邂逅《かいこう》へ向けて投企されている。世界のなかで人間に対して現象するもの、なかんずく他の人格は、そのつど汝であって、決定的には神自身が人間に対して立てたもう汝へと向けて投企されている。人間は自己自身において完成したものではなく、また神に至るように呼ばれているのみでもなく、神に至ってはじめて神の前でその本来的自己と真理の平和とを発見する。これこそ人間的な存在の法則であり、決して消滅することのない内的不安が、この法則の証人である(7)」と彼は言う。

グアルディーニは「汝」との邂逅へ向けられた人間の人格存在をこのように実存の円環として捉えようとする。そこでは神を「求める」ことと「発見する」ことが分離することなく、交互的に互いに担い合って円環を作りなしている。つまり「求める」のはすでになんらかの形で「知っている」からであり、「発見する」とは「求めている」ものをもっとも深く所有することである。それゆえ「求める」とは単なる衝動ではない。「求める」とは人間がそこへと向けて造られた目的を「心」が欲することによって生じる。このように「求める」ことがすでに知っている目的に向かっているとすれば、「発見する」は本来的自己、つまり実存の覚醒と開眼となり、このような動きの中で生ける始源が生起することを意味する。彼によるとアウグスティヌスの「わたしの信仰があなたを呼び求める」という言葉がこれを言い表わす。すなわち、始原そのものでありたもうキリストによって点火された新しい生命自体が呼び求めている、と彼は説いていた(8)。この実存的解釈は人間存在を邂逅《かいこう》のもとに把握し、しかも、この邂逅の中で与えられている、本来的自己としての実存が人間をして神を呼び求めさせている点を鋭く把捉しているといえよう。ただし、グァルディーニはあまりにも詩的にして直観的であって、実存的ではあっても、その実存の構造を根本性格にもとづいて捉えているのではない。

(4) 実存論的解釈

マックスザインはグァルディーニの解釈をいっそう厳密に考察し、実存の根本的性格を明確にしようと試みた。『心の哲学――アウグスティヌスにおける人格性の本質』という大著でマックスザインは綿密周到な研究を行なっており、『告白録』の「不安な心」についてもすぐれた見解を披瀝する。[9]「心」は人間の身体・精神的構造の中にある中心として人格的動態において捉えられる。この人格的動態としての心の本質は、人格の内的な力、自己の内的根拠から自己の目的を設定する働きであり、この人格的運動は「不安な心」という表現によって示される。この「不安」は「不安定」な「落着きのなさ」とは違う。不安は人間存在の根底の豊かさを感じさせ、そこには人間のうちに本来的自己を実現しようとする力が見られる。

しかし、落着きのない人間は自己の外へと眼をそらし、先へ先へと馳り立てられて、分散的になっている。不安には自己の統一に向かう期待が込められており、たとえ不明瞭であっても目的意識が働いて方向づけがなされている。しかし不安定なものには目的がない。したがって不安は人間存在の根本的規定なのであり、これによって神と人間との本源的関連が明らかになる。

「この神との関係は、最高の存在者たる神との存在連関（Seinsbezogenheit）であり、神の生命の脈を自分のなかに導き入れる不安な心（cor inquietum）が所有している、生命の中枢神経である。不安な心は、人間を精神・身体的存在でとらえている生命連関であるがゆえに、この連関は、愛・意志・告白・脱自・感動・神秘的沈潜としてあらわれる」（マックスザイン、前掲書、49頁）。

と彼は言う。だが、この連関を破壊し、運動を妨害し阻止する反対勢力も強力に作用し、神への「対向」（ad te）の代わりに「転向・退行」（abs te, longe a te）が人間を自己疎外し、全くの有限性へ閉じ込めてしまう。しかし、まさにこの状況において不安は限界を突破する力としてほとばしり出てくる。

このような視点からマックスザインは先の『告白録』巻頭のテキストを解明する。その中で注目すべき解釈をあげてみたい。

(1) 不安は存在へと呼ばれている人間のもとでの神の呼びかけである。この呼びかけは人間存在に与えられている Mitgift（嫁入り持参金）である（マックスザイン、前掲書、49頁以下）。神の呼びかけは、呼ばれるために呼びかける。神と人間との関係は呼び呼ばれる呼応の関係にある。

(2) 存在の根源的告知として quia fecisti（神の創造の理由）が把捉される。被造物の全体はこの創造の理由（quia）を神のしるしとして担っており、この理由は存在者の根源を告知する。しかし、nos ad te（人間の神への対向性）は被造物自身が根拠づけられていることを示すけれども、神に対して示し得る根拠ではなく、神から見れば被造物の「頼りなさ（無底性）」（Grundlosigkeit）と「無前提性」（Voraussetzungslosigkeit）であって、被造物の存立の根拠（理由）はまったく神のうちにある。人間は非存在の無のうちに引き渡されているが、神によってのみ存在へと引きあげられる。だから、創造は無からの創造となる（マックスザイン、前掲書、52頁）。

(3) 神の存在と知恵が測りがたいことに対し、人間の無規定さが対応する。人間は被造物のなかでも aliqua portio（とるに足りないもの、無規定な極微な存在）にすぎず、名もなく、神にもっとも遠い。et tamen（それでもなお）創造主に対する関係の特殊性を人間はもっている。Tu excitas（あなたは呼び起して）が人間に存在の喜びを与える。喜びとしての存在は神によってそこに至るように促されている。不安はこの喜びを伝達し、人間の人格から発する憧憬をみたす。

(4) 不安の目的は神における絶対的安息である。存在の喜びに導かれた心は神の安息のうちに燃え立つ。安息は無活動の静止状態ではなくて、「つねに働き、たえず安らう」神のなかに導き入れられる。「これが Tu excitas の本来的でもっとも深い解明である。それは神がわたしたちの不安を促すということである。したがって、不安は人間の心への神の働きである。それゆえに、心は必然的に安らいとして神のみを求めざるを得ない。この意味で不安は神の存在を証言している」(マックスザイン、前掲書、54頁)。ここまでがマックスザインの考え方の要約である。

わたしたちは『告白録』巻頭のテキストに関する諸説をあげてみたが、それぞれの思想的立場から解釈が可能であると思われる。「心」の理解でも宗教心理学的考察は人間の主観のうちにある自然的素質の働きを捉えてはいるが、神の働きを受容する特定の機関として「心」を固定的に理解している。こういう理解に対し、ネールゴールが人格神との交わりを強調している点は十分に評価されなければならない。人間のうちなる働きという主体的側面と神の働きかけの側面とは実存的解釈によって総合されている。グァルディーニは人間の実存が神を「汝」として呼ぶべく邂逅へと向けられていると説いたのに対し、マックスザインはこの実存の根本性格としての不安をよく解明している。

そのなかでも、不安な心のもつ神への対向性（ad te）を無底的にとらえている点は注目すべきであろう。もし神への対向性が被造物のうちに与えられているとすれば、それは、ハルナックの宗教心理学的解釈と同様、人間の内なる心の自然的素質に由来するということになろう。しかし、不安は人間存在の無底性、無前提性を表わしており、それ自身では無に転落する。したがってマックスザインが ad te（神への対向性）を人間存在の指示性（Richtungswesen）と捉えて、不安がこの運動をひきおこすと見ている点は正しい(10)。

しかし、ad te という対向性がもし無底的であるならば、この根本的対向性には、それに対抗する ab ste, longe a te という神からの転落性をも同時に含めて考察すべきであろう。したがって ad te と abs te との弁証法的関連を考察することによって「不安な心」の全体はより明確に把捉されなければならないと思われる。わたしは ad te, abs te の二つの対立する運動は『告白録』においては人間の本来的自己に至る道において捉えられ、abs te から in te に回心し、そのことによって人間存在の ad te が完成するものとして理解されている点を解明できると思う。もしそうなら ad te は人間の内なる自然素質というよりも、現実には「不安な心」として、歪曲し、否定的にしか現象していないが、神との邂逅（したがって in te）の中で、人格的対向者との関係の中でこの対向性は成立しているといえよう。次にこの点を『告白録』序論のテキストに即して考察する。

『告白録』序論における「心」の動態

『告白録』の序論（第1巻第1章～第5章）で「不安な心」がどのような意味で用いられているかに関して、わたしは前置詞 ad, in, abs を手がかりにして解明してみたい。その際、さしあたってこの序論においては abs は言葉として現われて来ないが、人間存在の実存状況として前提されている。つまり日常的生活の中に人間は深く埋没し、無自覚のうちに置かれているわけである。それにもかかわらず、この状況の中で心が不安を感じるのは、人間に対向して呼びかけている神の声によって生じ、ad という対向性の自覚にもたらされるが、それは in という邂逅においてのみ満たされる。もっと詳しくこの点を明らかにしてみたい。

(1) aliqua portio〔極微なもの〕としての人間存在

アウグスティヌスは『告白録』の初めの箇所で、詩編の言葉を引用して、神の偉大さとその知恵の測りがたさをまず讃え、それと対比して人間存在のはかなさを aliqua portio として語る。人間は神の被造物のなかで無規定的な極微なる存在にすぎない。しかもこの存在は可死的であるのに、徹底した被造物感にとどまり得ず、自己の極微な存在の自覚によって神の偉大さを讃える謙虚さを失ない、かえって高慢に振舞っている。神はこれに逆らいたもう。その結果、人間は罪の報いとして罰をうけ、罪責感にさいなまれることになる。このような実存状況は可死性・高慢・罪等を身にまとった人間を示し、結局、神から存在的にも倫理的にもまったく離れ、背いている abs te の状況であるといえよう。それゆえ、abs te の言葉は用いられていなくとも、後のテキストで証明されるように、神から離反した転落存在を示す。このような転落態は『告白録』の序論に続く本論で具体的生活への反省から詳論され、ホルテンシウス体験から回心に至る道を、abs te から in te への転換として叙述し、人間存在に与えられている神への対向性 ad te の自覚にまで達する。それゆえ、『告白録』巻頭の文章で語られている神への対向性は、告白という行為を導く根本姿勢であって、これが次第に明らかにされてくる過程が『告白録』という優れた書物の内容をなしているといえよう。

(2) in te の可能性

アウグスティヌスは人間存在の日常的転落態と根本的対向性を暗示してから、序論の部分においては、もっぱら in te の可能性を検討する。なぜなら、in te において ad te は現実性をおびてくるからである。それでは前置詞の in とはいかなる意味であろうか。in は空間的な場所や容器のような物体的表象では解明できず、矛盾に陥ってしまう。神の存在は矛盾における統一存在、つまり人格である。すると in はこの人格としての他者なる神に向かう対向（ad）の運動の先端、つまり邂逅点を意味することになる。彼はこのような神と人間との邂逅の場を次第に明らかにしてゆくのである。

さて、わたしは、わたしの神を、わたしの神であり主であられる者を、どのように呼び求めるのであるか。わたしが彼を求めいれるとき、たしかに、彼をわたし自身のうちに（in me ipsum）呼びいれるのである。しかし、わたしの神がわたしのうちに入ってこられるような、どんな場所がわたしのうちにあるのか（quis locus est in me）。（『告白録』Ⅰ・2・2）

ここで問われている in はわたしのうちなる場所である。しかし、神は天地の創造主であるから、被造物の極徽たる「わたし」の中に入り得ようがない。しかし、被造物は神によって存在を与えられて存在しているから、神の手によって支えられないなら人間は存在しない。「わたしは、あなたがわたしのうちに（in me）入ってこられないなら、存在しない」（ibid.）。このように神が

「わたしのうちに」存在しないなら、人間は存在し得ないのであるが、アウグスティヌスは、直ちに言いかえて「それよりもむしろ、あなたのうちに（in te）存在するのでないなら、わたしは存在しないのではなかろうか」（ibid.）と問い、これが強く肯定される。神が「わたしのうちに」あるというのは、神が被造世界の中に現われていると見る汎神論的傾向を示す。しかしこのような傾向はただちに退ぞけられて、神が「わたしのうちに」あるは「神のうちに」わたしがあると言いかえられる。これによって、神の超越性が保たれるからである。それゆえ、このinを空間的場所とみると、神が天地に満ちていて、わたしのなかに入ってくるために、わたしは天地からどこへ立ち去ったらよいのか、という矛盾に陥ってしまう。

次に、アウグスティヌスは神と天地の関係を器と液体の関係の類比によって考えようとする。天地は器で、神は液体のようにこれに満ちている。液体のすべてが器のなかにあって、天地は神を容れ、捉えているのであろうか。ところが器が壊れても、神は流出しないで、かえって器を癒す聖霊であると彼は説く。神は霊として世界に遍在する。しかし、世界（自然）をそのまま神とみなす汎神論の見解は退ぞけられ、神を霊とみて、その超越性が新プラトン主義にしたがって説かれているといえよう。

(3)「神のうちに」と言われる神とは何んであろうか。

このように問い直してアウグスティヌスは「主なる神」の人格的考察に向かう。神に関する形容をみると最初に四つの最上級の形容詞が来ており、次に「しかも（et）」で結びつけられた四つの対《つい》になった形容詞群が述べられ、対立の度合が高まり、終りには相矛盾した形容詞を結びつけている。すなわち、「もっとも高く、もっとも善く、もっとも強く、もっとも全能であり、もっとも憐れみ深く、しかももっとも正しく、もっとも隠れて、しかももっともあらわであり、もっとも美しく、しかももっとも勇しく、恒常であって、しかも捉えがたく、不変でありながらすべてのものを変化させる神よ……」（『告白録』I・4・4）。このような対立している特質を統一して所有していることは人格の在り方の特色である。恒常、不変、美といった表現は新プラトン主義的表象であっても、それと矛盾的に対立するものが立てられ、対立する両項の統一こそ精神的人格のあり方をきわ立たせる。このような人格神は「つねに働き、たえず休む」（semper agens, semper quietus）とも述べられ、さらに人間との交わりを欲しておられることが示される。

(4)「あなたのうち」（in te）とは何か

それゆえ、アウグスティヌスは序論の終りのところで「だれがあなたのうちにわたしを安らわせるであろうか」と問うて、再び「あなたのうち」(in te)の問題に立ち返る。そこでは「あなた」と「わたし」との関係が問われる。すなわち、「あなたはわたしにとって何であられるのか」、「あなたにとってわたしは何であるのか」(前掲書、I・5・5)と。そしてこれに対する回答は「我と汝」の関係、すなわち神が心の耳に向かって語り、これを心が聞く対話の関係である。

主よ、ごらんのとおり、わたしの心の耳(aures cordis mei)はあなたのみ前にある。その耳を開いて、「わたしはお前の救いであると、わたしの魂に言ってください」。わたしはこのみ声を追いかけ、あなたをとらえる。(前掲書、同頁)

神が語り、人が聞くことによって成立する交わりこそ「あなたのうちに」あることの意味である。それゆえ、in は空間的場所ではなく、神との交わりの成立する関係、相互に関わり合う関係のなかに立つことを意味し、他者へ対向する ad te(あなたへの対向性)が現実の他者に接近し、身をもって触れ合うところを言うのである。このような邂逅が生じるためには、心が自己のうちに閉じこもらず、他者に向かってまず開かれていなければならない。しかし、現実はその反対の状態のうちにある。そこで、この「神のうちに」あることを可能にしてくれる「だれ」が問われていたのである。それを可能にしてくれるのも神のほかにない。したがって序論の終りは次の祈りとなっている。

わたしの魂の家は、あなたが魂のもとへ（ad eam〔animam〕）入ってこられるためには狭いので、あなたのみ手でそれを広げてください。それは荒廃しているので、つくり直してくださ い。あなたの目ざわりになるものがある。わたしは告白し、知っている。しかしだれがわたしの家を清めるであろうか。またあなた以外のだれに向かって、わたしは叫ぶであろうか。（同書、I・5・6）

ここで「魂の狭さ」について語られているが、「狭い」（angustus）は逃れ道のない袋小路として「不安」を意味する。また「荒廃している」（ruinosus）や「目ざわりになるもの」などは神から離反したabs teの状況にほかならない。この状況からいかにして人間は「神のうちに」安息を見いだし得るのであろうか。abs teからin teに「だれ」が人間を導くのだろうか。それは神がキリストによって「魂のもとへ」（ad animam）来たりたもうこと、つまり神の人間への対向というイニシアティブによって可能になる。『告白録』の本論はこのことを詳述している。

神からの心の転落現象（abs te）

『告白録』の序論から「心」概念が内包している意味を、前置詞による運動態によって明らかにしてみた。「心」は人間存在の根本現象を表現している。人間の現実は神から離反したabs teとして転落した非本来的自己の状態にある。しかし、この自己は、神からの呼び求め（invocare）に応じて神に呼びかける（vocare te）呼応の関係のなかに入りゆき、そこで人間の心は神に接近し、神のうちに安らぎを見いだす。これがin teの状態であり、こうして人間は本来的自己に達する。この非本来的自己から本来的自己への道こそad teという心の神へ向かう歩み、つまり神への対向運動である。この歩みはキリストの道において発見された。したがって、自己を超えて自己と成る歩みの実現は、キリスト教的超越において見いだされたのであって、これが『告白録』でアウグスティヌスが記述しようとする事態である。非本来的自己から本来的自己への超越というこのモチーフは、パスカルの『パンセ』をとおして現代のハイデガーの『存在と時間』にまで継承されている。(11) しかしアウグスティヌス、パスカル、ハイデガーではこのようなモチーフが等しく展開しているにしても、その内容においては著しい相違があるといえよう。

アウグスティヌス的な人間は神との関係でのみ自己を問題にしており、単独者としての自己ではない。したがって、心の不安も神との関係を喪失していることから説かれているのであって、心は神から放任されることによって絶望の深淵に転落している。それゆえ、非本来的自己の転落存在は回心と救済の観点から解釈される。このことは彼をして人間存在の出発点たる乳児の段階にまで解釈をさかのぼらせており、そこに神からそむいた人間に根源的にまといついている原罪の事実を指摘させている。

したがってアウグスティヌスは乳児、幼児、少年期、青年期と自分の生涯の歩みを辿りながら、どんなに深い淵から自分が救い出されたかを語ってゆく。この自己の存在が神から背反した深淵であるとの表現は至るところに見られるが、第2巻第2章で最も鋭い表現をもって語られる。そこでは青年時代に現世的名誉欲と下劣な情欲に巻き込まれた暗い深淵、「もろもろの欲望の淵」(abrupta cupiditatum) が何であるかを彼は述べる。この時代の体験を語るにあたって、「わたしを喜ばせたのは、愛し愛されることでなくて何であったろうか。しかし、わたしは心から心へという節度を守らずに、友情の明るい道からふみ出した」(『告白録』II・2・2) と告白する。愛の交わりが人間と人間との根本的関係であるのに、この交わりが「心」(animus) の関係にとどまることができないで、「汚らわしい肉の情欲と、思春期の泡立つ滝口から霧がわき出て、わたしの心

(cor meum) を覆い隠し、わたしは愛の明るい輝きと肉欲の暗い曇りとを見分けることができなかった」(前掲書、同頁)。心が友情の明るい輝きを失って、暗い情欲によって覆われ、曇らされているこの状態は、心が本来的在り方から転落した暗黒であり、しかも底無しの深淵であって、そこへ陥ってゆくのは神の放任によって生じる。それは同時に罰であって、神の怒りに由来する。「それは、わたしの魂の高慢に下された罰であって、このようにして、わたしはあなたからますます遠く離れ去り (ibam longius a te)、あなたはそれを放任したもうた」(同書)。神のこの放任によって心はますます深く沈降し、奈落の底に堕ちるが、そこには神に向かわしめる神からの呼びかけはない。「あなたは黙しておられた」(同書)。これが abs te の状況であって、アウグスティヌスはこれを次のように述べている。

ああ、何とおそいわたしの喜びよ。あなたはそのとき黙しておられた。わたしはあなたからはるかに遠ざかり (ego ibam porro longe a te)、うなだれているのに落着かず、疲れながら安らうことなく、実をむすばぬ苦しみの種をますます多くまきちらしていた (同書)。

これこそ「不安な心」にほかならない。神から離れた転落存在は愛の現象における混乱と暗黒であり、神の呼びかけのない状態でありながらも、それでもなお、そこには不安が宿っている。というのも神から離れ、神も放任したもう転落態の直中においても、神は罰するものとして働いており、そこに心の根源的不安も芽生えてくるといえるからである。このような不安は享楽のなかの不快としてあらわれる。しかもそれは転落のなかでも全く死滅しないための神の働きである。「あなたは教えるために苦しめ、なおすために傷つけ、わたしたちがあなたから離れて死ぬことのないように（ne moriamur abs te）わたしたちを殺すのである」（同Ⅱ・2・4）。それゆえ、人間は転落存在の直中にあっても安住しておられず、自分がいまどこにおり、どのように神から離れた深淵のなかに堕ち込んでいるかを自覚せずにはいられない。これこそ自己が存立している場所の認識である。彼はこれを次のように述べている。「わたしは、肉体の年齢一六歳のとき、どこに（ubi）いたのであろうか。わたしはあなたの家の楽しさから、何と遠く（quam longe）さまよっていたことであろう」（同書）と。ここで問われている「どこ」は abs te, longe a te という転落的な自己の存在について問うているもので、転落存在の深淵を言うのである。

ここまで人間存在の深淵を探求することによって、不安な魂のあるべき姿が逆に瞥見《べっけん》されることになった。ここにアウグスティヌスに独自な思想の世界が姿を現わしてくるといえよう。

注

（1）R. Reizenstein, Antike und Christentum. Vier Religionsgeschichtliche Aufsätze,1963, S. 63f.

（2）Wunderle, Einführung in die moderne Religionspsychologie; W.Thimme, Augustins geistige Entwicklung.

（3）A・フォン・ハルナック『アウグスティヌスの懺悔録の諸峯』山谷省吾訳、『アウグスティンの懺悔録』所収、岩波文庫50頁以下。

（4）R. Otto, Das Gefühl des Überweltlichen, 1932, S. 264.

（5）J. Noerregaard, Drei Augustin-Worte, 1934, S. 10f.

（6）W. Schultz, Die theologia cordis bei Augustin und Schleiermacher, in Schleiermacher und der Protestantismus, 1957, S. 105.

（7）R. Guardini, Anfang. Ein Auslegung der ersten fünf Kapitel von Augutins Bekenntnissen, 1953, S. 21.

（8）R. Guardini, op.cit., S. 28.

（9）A. Maxsein, Philosophia Cordis. Das Wesen der Personalität bei Augustinus, 1966, S.48.

（10）ここで用いている「対向性」（ad）の概念について金子晴勇『対話的思考』創文社、89頁以下、および226頁注1を参照されたい。

（11）パスカル『パンセ』断章415。「人間の本性は、二通りに考察される。一つは、その目的においてであり、その場合は偉大で比類がない。他は多数のあり方においてであり、その場合は人間は下《げ》賤《せん》で卑劣である。人間に対して異なった判断を下させ、哲学者たちをあのように論争させる原因となる二つの道が、ここにあるのである」『パンセ』前田陽一・由木 康訳、世界の名著「パスカル」223頁。なお、ハイデガー『存在と時間』第9章参照。

［談話室］　グレトゥイゼンのアウグスティヌス解釈

ディルタイの高弟であった優れた哲学史家ベルンハルト・グレトゥイゼン（Bernhard Groethuysen, 1880-1946）はアウグスティヌスの全思想をこの「不安な心」において捉え、それと正反対の人間観をアリストテレスのもとで捉える。「人間はここでは問題的であることを止めている。ここでは、人間は、いわば、つねに第三人称における自分について語っている。人間は自分自身にとって〈一つの例〉にすぎないのであり、彼自身を〈わたし〉としてではなく、ただ〈彼〉として意識している」（B. Groethuysen, Philosophische Anthropologie, 1969, S. 37）。

アリストテレスにおいては世界を一つの閉じた空間とみなすギリシア人に特有な傾向が顕著に表れ、無類の明晰さをもって視覚的世界像が作り出された。しかも人間はこの世界の事物の一つとして考察される。つまり人間は客体的に把握されうる多くの類の一つなのである。それゆえ人間的な自己認識の深遠な次元は未だ現れていない。もちろんソクラテスが説いたように、知恵の探求は自己の無知の自覚から生じると考えられた。ところがギリシア人たちの目は主としてコスモスに向かい、人間に向く場合でも、コスモスの一部としての人間に向かっていたにすぎない。たとえばアリストテレスは次のように言う。「けだし驚異することによって人間は、今日でもそうであるが、あの最初の場合にもあのように知恵を愛求し（哲学し）始めた」（『形而上学』出　隆訳、岩波文庫、上巻、28頁）と。

ここにギリシア的愛知活動としての哲学の出発点がある。だが、世界は単にコスモスとしてあるのではなく、その内実は人間世界のポリスをも含んでおり、これがアリストテレスの時代には崩壊に瀕していた。ポリスに代わって支配したのはローマ帝国であったが、これもすでに古代末期には政治的にも精神的にもその滅亡の兆しが濃厚に現れていた。だから分裂したアウグスティヌスの魂にとっては、ただ分裂した世界だけが真理であるように映ったと言われる（ブーバー『人間とは何か』児島洋訳、理想社、24―29頁参照）。

このような時代の苦悩を、先に述べたように、アウグスティヌスはその著作『告白録』の冒頭で「不安な心」（cor inquietum）という言葉をもって表明した。「心」は人間の存在を動的に表現するときに好んで用いられた言葉である。しかも、それは苦悩や悲惨ばかりでなく、矛盾や謎を秘めた存在をも指している。たとえば「わたし自身がわたしにとって大きな謎になった」（『告白録』Ⅳ・4・9）と言われる。「謎」（quaestio）とは「問題」のことで、いまや人間が大問題となって彼の前に立ち現れている。この謎は理性の光も届かない人間の心における深淵である。だから「人間そのものが大きな深淵（grande profundum）である」（前掲書Ⅳ・14・22）と言われる。人間そのもの、また人間の心の計り知れない深みの前に立ち、彼は驚異の念に打たれた。

その驚異は内面的な深みをたたえるものとして現われており、やがてここからギリシア的驚異に対する批判が次のように表明された。

「このように考えるとき、わたしは強い驚異の念に打たれて、驚愕するのである。人びとは外に出て、山岳の高い頂に、海の大波に、河川の広漠に、星辰の運行に驚嘆しながら、自分自身には目もくれない」（前掲書、Ⅹ・8・15）。

このように内面的な心が大問題となっているとき、自己の内心を顧みず、外の自然に目がそれて、それらに驚いている態度が批判される。ここに新しい思想の出発点があった。

このグレトゥイゼンの『哲学的人間学』という古典的名著は、近く拙訳（共訳）によって知泉書館から出版される。

4　精神的発展と思想世界の形成

初期の哲学思想の特質

アウグスティヌスの著作は初期の哲学的著述、司祭就任以後の中期の作品、ペラギウス論争を中心とする後期の著作という三つの時期に分けられる。ここには彼自身認めているように、思想上の精神的発展があり（『堅忍の賜物』12・30参照）、発展の相の下に彼を理解し、解釈しなければならない[1]。発展は変化とは異なり、一貫したテーマと問題意識がしだいに展開し、いっそう深い思想内容がそこから現われてくる。初期の哲学的著作以来、思想の上で彼のもつ一貫したテーマは「幸福」（beatitudo）であり、これを得るためにはキリストの「恩恵」（gratia）によらなければならないという問題意識がいつもそこにあった。彼はまずストア哲学と新プラトン主義の哲学の立場から「幸福」を問題とする。それゆえ「わたしたちは幸福であることを願う[2]」というキケロの命題は、アウグスティヌスにとってあらゆる思想と、哲学すること一般の根源である。[3] だが、この幸福は彼にとって神の賜物である。したがって彼の説く幸福概念にはカントのような義務倫理学が快・不快の感情や自愛の原理とともに拒《しりぞ》ける幸福主義の要素はない。そこには快楽、富、名誉といった通俗的幸福観を否定し、知者の幸福を説くアリストテレス的幸福観が支配的である。また、人間のうちに本来そなわっている徳にもとづく幸福を目的とするアリストテレス的目的論的倫理学の影響がそこには見られる。

この時期には同時にキリスト教の必要性を彼は説き、初期の著作『カトリック教会の道徳』(De moribus ecclesiae Catholicae) でキリスト教倫理思想を一応確立する。神が最高善であり、人間にとっての最高善はこの「神に寄りすがること」(adhaerere Deo)、神への絶対的依存にある。これが彼の思想の根本原理であり、この原理を実践するために「使用」(uti) と「享受」(frui) について語られる。[4]

さらに重要な問題は悪の問題であってそれはストアの自然学によっては解決が得られず、受洗直後から書き始められ司祭になってから完成した『自由意志論』(De libero arbitrio) で初めて悪の問題の解決に至った。この書物で彼は悪の自然学的考察とは別に道徳的考察を行なう。彼は悪を実体視するマニ教的な考察、すなわち形而上学的悪を決定的に拒否し、道徳的悪の、つまり罪

(peccatum)の原因を意志の自由なる決定に見いだし、罪の結果として蒙る損害である欠陥に自然的悪を位置づけ、これを罪の罰とみなし、これによって神の正義は貫徹され、万有も非のうちどころなく完全に秩序が保たれている、と説いた(『自由意志』Ⅲ・9・26、Ⅱ・15・44)。それゆえに神に悪の原因を帰することは許されず、それは自由意志に求められた。

アウグスティヌスは道徳的判断のもとにある一切の行為を、他の何ものによっても動機づけられない自由な選択、意志の自由な決定に由来しているものと洞察した。彼は運命論を退け断乎たる非決定論の立場を主張する。彼が説いたのは善いとか悪いとかという性質規定を受けていない無記的選択の自由ではあるが、それは思想や知性の領域でのみ認められたストア的、新プラトン主義的自由とは異なり、現実の行為に関わる決定的に原則的となるものである。このような非決定論とともに罪の概念が変わってくる。

罪を愚かさ(stultitia)とみる以前の思想、したがって罪は無知であるという罪のソクラテス的定義に通じる思想は破棄され、今やキリスト教的な思想がそれに代わって現われ、高慢(superbia)があらゆる罪の源泉であるとされる(前掲書、Ⅲ・25・76)。ここからアウグスティヌスの思想が原罪説の方向をとりはじめる。マニ教の決定論に対し自由意志の概念を立て、非決定論の立場を確立した思想はここに修正されるに至る。絶対的な意志の自由の主張は、現実に存する悪の事実を無視してまでも遂行されるべきではない。彼は自由意志によって犯される罪と原罪との対立を、自由な意志によって生じる本来的な罪と、その結果生じた派生的意味での罪とし、両者を区別することによって対立を避けた（同書、Ⅲ・54）。原罪にあたる状況は悲惨に示されるが、それは「無知」（ignorantia）と「困難」（difficultas）という欠陥となって現われる（同書、Ⅲ・18・52）。すなわち当為に関する知の欠如たる無知と当為を実現する能力の欠如たる困難となって現象する。しかし、これらは自由意志によって高慢から生じた罪に対する罰なのである。この原罪のもたらした悲惨という状況こそキリスト教的救済論の前提をなしており、「上から神がのばした手である主イエスを信仰でもってとらえ、確かな希望でもって期待し、もえる愛で熱望しなければならない」と説かれた（同書、Ⅱ・20・54）。

中期の作品『告白録』の哲学

初期アウグスティヌスの倫理思想は、観照《かんしょう》的生活を究極目標とする古代哲学の中で、倫理を観照（対象の本質を客観的に冷静にみつめること。）に至る準備段階として位置づける。それゆえキリスト教による回心も観照にもとづく幸福なる生活への方向転換を意味し、ヒッポの司祭になる頃までは回心当時の精神的雰囲気のうちにあった。しかし、すでに初期の倫理的著作を検討してみて明らかになったように、人間を全体的に把握し、その主体的状況たる無知と無力といった悲惨な不幸（miseria）からの救済や、心情に感じる苦痛によって愛が方向転換すべきことが力説され、精神的変化がしだいに生じていた。

中期の代表的作品『告白録』で彼の若き時代の諸著作を支配していた精神的状況の全体が根本的に変化したことが示される。この作品で彼はキリスト教の救済に至る自己の伝記的考察を、いわば自己の本来的存在に至る生活史として記述しているが、そこで解明されている人間の現実的生活の分析は、明瞭な言語的表現をもって、端的に「不安な心」（cor inquietum）として告白され、神の前に立つ人間の根本的在り方を提示する。ここには人間を精神と身体とに分け、二世界を想定する二元論的な古代的図式が崩壊し、人間を見る視界が根本的に変わったことが告げられた。このような状況の変化の全体は、まず、人格的に人間の心に呼びかける神という神観に、またこのように呼びかける神に応答すべく造られ、神の像をもつ人間の在り方でもって、さらには、精神と身体の二元論的対立ではなく、一つなる魂の内において霊・肉の葛藤に苦しむ存在としての自己の認識が明瞭に提示された。神は呼びかけ、人間はこれに応答する。神は人間を愛し（amare）、人間は神を愛し返し（reamare）、それによって自己を完成する（De catechizandis rudibus, 4,

7を参照）。このような神と人との相互的対向の関係は、神と人間との交わりのなかで、告白、つまり罪の悔改めと神の讃美という形で、成立している。

「心」（cor）概念が初めて用いられたのは『カトリック教会の道徳』で引用された聖句「心を尽くして（ex toto corde）神を愛すべし」[5]が最初であると思われる。「心」概念は聖書的関連からこのように派生し、『告白録』ではアウグスティヌス的生命の核心を示す概念として用いられた。

「心」は何よりもまず人間存在の全体を示している。「わたしの心のあるところ、わたしは、いかなる者であれ、在る」また「わたしは心（霊）である」（『告白録』X・3・4、X・16・25）。「心」または「心霊」はここで何ら内容的規定が与えられてはいないが、「我《わ》れ」（ego）という人格的「自己」の全体性と一回性とに関わるという意味で、一定の形態をもって語られる。心としての人間の在り方は他者とともに一般的に共有しない、ただ自己の本来的在り方を示しており、そこにはアリストテレスが用いる一般者として万人に共通な霊魂といったものではなく、むしろ個人に固有な、全体的、一回的な存在のもつ心髄が示される。それゆえ「核」（medulla）とも「最奥のもの」（intimum）とも言われる。このような心の在り方は、人間の心と腸《はらわた》とを調べ、人間に語りかけて、その応答的責任性を呼び醒ます神との出会い、神の前での生き方でのみ現われる。このような神の前に立つ自己は、有限的存在ではあるが、同時に神の愛の対象として、永遠的意味をもつ存在なのである。

アウグスティヌスはこのような永遠的意味をもつ人間存在を、一つの視点から、すなわち現世へと堕落した人間的生き方の救済という観点から解釈し、その意味を明瞭にしようと試みる。このような解釈は、救済という地点から生き方を解釈しようとするがゆえに、生活史的な記述となる。それはすでに言及した『告白録』巻頭の有名な文章のなかにみごとに表明される。

神から離反した（abs te）心は、神に対向して（ad te）創られているのだから、神のうちに（in te）休らうまでは、不安であるというのである。このような心の内面的にして、かつ、根本的な動向こそ、彼の生活史の根本構造であるが、このような動向は、彼の生涯における幾多の出来事の意味を見いだし、それに解釈をほどこすにあたって、決定的に重要な役割を果した。あるいはこの動向は彼の生き方の根本現象であって、これが彼の生涯の出来事に具現し、救済に至る、伝記的に構成された、歴史を形成している、といってもよいであろう。

『告白録』のみならず、アウグスティヌスの思想の全体を、その本質において捉え、表現しているこの文章のなかで、「心」概念が内容的規定を得て、「不安なもの」とされ、人間的生き方の根本性格が明瞭に指摘される。それのみならず不安の根源も示される。すなわち、それは、人間が神に向けて（ad Deum）創られているという人間の存在の意味、神への根本的対向性を喪失し、本来的在り方から転落していることにある。続く叙述を参照すると、この転落は神からの離反(abs deo, longe a Deo)に発する。したがって心は神から離反し、かつ、背反した神に回心して、神への対向性をとりもどし、神の中に休息し、憩いを見いださないかぎり、不安から脱却することはできない。

霊・肉の葛藤

『告白録』でアウグスティヌスの人間観が変化してきたことが「心」概念の考察から可能であることをわたしたちは述べた。このような人間観の変化は、前節で指摘しておいたように、魂のうちなる霊・肉の葛藤という聖書的人間観の受容にも現われている。彼は『告白録』第8巻で霊・肉の内的葛藤をパウロのローマ書第7章にもとづいて叙述しているが、このことはローマ書第7章を律法の下なる人間の情況として把握し、ここから福音による救済を劇的に描こうと試みたのである。これは彼の人間に対する洞察の深まりを示しているが、パウロ思想の摂取の過程は、すでに熟しつつあり、『告白録』執筆以前の倫理的著作、『節制論』(De continentia)や『キリスト者の戦い』(De agone Christiano)などで発展過程が明瞭に示されている。だがパウロ思想、とくにローマ書第7章の解釈に関するかぎり、『告白録』以前では『シンプリキアヌスに答えた諸問題』(De diversis quaestionibus ad Simplicianum) 第1巻が注目に価する。ここで得られた人間についての新しい認識にもとづいて『告白録』第8巻は書かれているように思われる。

アウグスティヌスは当時ミラノの司教であったシンプリキアヌスの質問に答えて、ローマ書第7章を、「律法の下にとどまっていて、いまだ恩恵の下にいない人の性格にもとづいて、使徒は語っている」(『シンプリキアヌス』I・9、I・1を参照)と解釈する。そして、そのような人間を支配しているのは欲望(cupiditas)と情欲(concupiscentia)であり、律法によってこれらは罪として認識され、罪責から生じる不安によって恩恵を捉えるべく回心させられるに至る。

人間の罪は、まず原罪のもたらした可死性という人間の本性に及んでいるものと、快楽への耽《たん》溺《でき》によって罪が反覆され、習慣となったものとがある。この二者、すなわち可死性と習慣とが結託して、欲望が強大になり、罪と呼ばれ、肉のうちに支配と王権を確立する。アウグスティヌスは、ここで、現実の悪の力を情欲に見、きわめて積極的なものとみなす。悪はたんに善性の欠如体(privatio boni)、したがって本性の欠陥としての原罪にとどまるものではない。悪はむしろ原罪が、人間の自由意志を通して主体によってそのつど犯される律法違反の習慣と結託して、強力に作用するものと理解された。

だが、それゆえに人間の行為的主体への次のような勧告がなされる。彼は言う、「それゆえこの可死的生において自由意志に残されていることは、人間が意志するとき義を成就するのではなく、賜物を受けて義を成就させたもう方に嘆願し、信仰をもって自ら立ち返ることである」(前掲書、I・14)。彼は信仰を、自由意志に根ざしながらも、その苦境に立って、恩恵を呼び求める一つの意志的決断として把握する。信仰が実行するこの主体的決断こそ、人間に根本的変化を生ぜしめるのである。このように恩恵は人間の主体的決断との関係に向けられており、人間の状況は恩恵を受けとめることによって変革を生じるものとみなされる。これは『告白録』第8巻に見られるような回心直前の状況を叙述しており、その状況と一致している。

アウグスティヌスはローマ書第7章を律法の下にある人間の生き方を物語るものと解釈し、罪は習慣となることによって強大になり、肉的人間が生じ、霊的人間との戦いが起こることを力説した。このようなパウロ解釈を彼は自己の生活の決定的出来事と結びつけ、ここでのテーマは人間の心における霊肉の葛藤と信仰による救済である。その際、彼が習慣(consuetudo)について語っていることに注意しなければならない。「意志は邪悪なものとなって肉欲(libido)となり、肉欲がとげられているあいだに習慣(consuetudo)となり、習慣がさまたげられないでいるあいだに必然(necessitas)となった」(『告白録』Ⅷ・5・10)。アウグスティヌスによると、真理によって引き立てられても習慣の重みに押えられ、すっかり立ち上がっていない心の状態は、「魂の病気」(aegritudo animi) であるから、この魂はキリストへの信仰によって癒やされなければならない。それゆえ古き習慣からの決別が回心の重要な内実となった。意志は習慣によって自己分裂を起こし、もはや善悪無記的なものではなく、邪悪な性格をもつものとみなされた。

神の前に立つ自己としての良心

アウグスティヌスは『告白』第1巻から第9巻に至るまで、回心における救済体験という観点から、伝記的叙述を行ない、生活史の立場から生涯の出来事のもつ意味を解明した。そこには人間の現実そのものに向けられた問いと深い精神的洞察とが、神の恩恵の答えと呼応する過程が示され、すぐれた歩みが叙述された。ところが『告白録』第10巻に至ると、彼は過去から現在の自己に対する省察へと転じ、神の前に立つ自己の鋭い道徳的反省を行なっている。ここでは「心」概念に代わって、またそれを補う意味で「良心」(conscientia) なる概念が登場する。良心は彼の自覚では心と同じく現実の状況を表現しているが、その言葉 (con-scientia= 共―意識) が「他者の存在を意識して」用いられる。第8巻での「わたしがわたしに対して裸になり、わたしの良心がわたしを叱責する日がやってきた」(『告白録』Ⅷ・7・18)という状況は、ポンティキアヌスが模範的修道士の姿をアウグスティヌスの面前で話している間に描き示すことによって起こってくる。良心に言及されている場合には、他者、しかも模範的他者、そして究極には他者なる神の前での自己認識が認められる。こうしてアウグスティヌスによって「神の前に立つ自己」が「良心」という概念で次のように表明される。

「そして主よ〈神の御目の前には〉人間の良心(意識)の深淵も〈赤裸々に現われる〉(『告白録』Ⅹ・2・2)。これ(恩恵)によって自己の弱さを自覚する(fit conscius)ときには弱い者もすべて強くなる」(同Ⅹ・3・3)。「わたしの良心は、自己の無垢によるよりも、あなたの慈悲にもとづく希望によって日ごとあなたに向かって告白する」(同Ⅹ・3・4)。

このような良心という言葉で語られている人間の生き方は他者なる神の前に立つ自己であり、神の前に自己への反省の度合が無限に高まっていることが示される。こうしてキリストの福音によって救済された自己へのいっそう透徹せる省察が導き出されてくる。そこにはヨブにならって人間の地上の生活全体を不断に襲いかかる試練と見、キリスト者として善い者とされていても、そこから邪悪なものとなる、さまざまな誘惑にさらされ、「あなたの御目の前に、わたしはわたし自身にとって問いとなった。そしてこれこそわたしの疾患である」(同X・33・50)。という自覚にたっする。ここに語られている自己自身に向けられた問い(quaestio)は、彼が『告白録』第4巻で友人の死に会い、「わたしがわたし自身にとって大きな問い(magna quaestio)となった」(同Ⅳ・4・9)と語ったときと同じ言葉ではあるが、第10巻での問いの深さは、友人の死を悲しみ悩む人間的生き方への問いではなく、神の前に立つキリスト者としての生活から発せられている点にある。これこそ「神の前に」(coram Deo)という宗教的な姿で省察されているものであり、「わたしはあなたをわたしに隠しても、わたしをあなたに隠すことはない」(同X・2・2)と言われているような宗教的自己省察の深まりを示している。こうして彼は「わたしをわたし自身に示してください」と祈り、「あなたの命じるものを与えたまえ、そしてあなたの欲するものを命じてください」という有名な祈りを発している(同X・29・40、30・41、31・45、37・60)。

ある司教がこの祈りの言葉をペラギウスの面前で述べたとき、彼は忍耐できず、激しく怒って興奮しようとした(『堅忍の賜物』20・53)。こうしてこの祈りの言葉こそペラギウス論争の一契機になったともいえよう。信仰こそ神の前に立つ人間の姿である。彼は、キリスト者といえども罪の試練のもとにあるのだから、ただ「心の戦慄」をもって、神の恩恵に絶対的に依存すべきを説く。このような神への絶対的依存（adhaerere Deo）こそ彼にとって人間的最高善であり、やがてこの根本原理を現実に実践するための指針として「使用（uti）と享受（frui）」の関係、すなわち「地上的善を使用して、享受せず、神を使用しないで、享受する」という原則が確立され、主著『神の国』において具体的に論述されるようになる（『神の国』XV・7・1）。しかし、このような倫理思想の根底には神の前に立つ自己の深い洞察と宗教的自覚があることを、わたしたちは看過してはならない。

後期の恩恵思想

『告白録』執筆当時、アウグスティヌスは自己の回心の出来事を中心に思索を展開しており、パウロのローマ書第7章も、当然、恩恵以前の律法の下に立つ人間を語るものと考えていた。しかし、これとても彼の確定的見解ではなく、別様にも解していた(6)。ところが『告白録』第10巻では、すでに述べたように、回心以後の現在の自己省察は、恩恵の下にあっても試練に絶えず襲われており、克服し難い習慣の重荷のもと悲惨な状態にいることの自覚に達している。

このように中期の作品の中にも、すでに後期の思想が含まれているのであるが、アウグスティヌスはペラギウス論争の途上、419年にローマ書第7章について従来とってきた解釈を突如捨て、パウロはここで律法の下に立つ人間のみではなく、恩恵の下に立つ人間についても語っているとし、罪の赦しを得ている信仰者にも罪との戦いがあるという解釈に転向した。(7) この転向はカトリック教会の護教家として、とくに恩恵を授ける施設としての教会の役割を拡大するため、人間の善性、もしくは自由意志を制限し、人間全体を罪の中にあるとしたのであろうか。(8) また、たんに教義上の論争の結果生じたのであろうか。(9) アウグスティヌスの倫理思想を、その発展の相の下に見てきたわたしたちにとっては、この転向はすでに中期の著作の中に萌芽としてあったものであり、論争を契機として前景に出てきたものである、とするのが正しいと思われる。(10) もちろん後期の思想には人間の主体性の要素はしだいに消極的になっている。したがって信仰は自由意志の決断によって得られるというよりも神の恩恵によって授与されるという点に強調点がおかれ、情欲（concupiscentia）にしても、中期の作品『節制論』では、節制が情欲に対決し、その戦いから恩恵が説かれていたが、後期では情欲の克服し難きことが、したがって一種の原罪悲観主義ともいうべきものが見られる。これはペラギウスの義務論的な倫理からすれば、倫理的には後退しているとしか思われないであろう。だが、そこには人間の現実にむけられたいっそう深い洞察がある。すなわち欲情や罪が安易な止揚を決して許さない、根深さについての徹底した自覚がある。

このことは、『告白録』第11巻の宗教的自己省察の内容とも一致している。ローマ書第7章の解釈上の転向でも彼の自己理解とそれは結びついており、それによって聖書の解釈学的思惟と地平とが開示されているといえよう[11]。

『三位一体』は、その構成上から見て、この解釈学的構造を最も明らかに示している。前半は聖書の証言とカトリック教会の伝統的教義にもとづく信仰による三位一体神の叙述、したがって教義学的部分であり、後半はさらに内面的方法で人間の理性的認識作用の考察にもとづいて三位一体神の認識を問題にする。同様のことはアウグスティヌスの時間論や創造論についてもいえるのであるが、ペラギウス論争で彼の神学的思想を総括的に述べている『恩恵と自由意志について』(De gratia et libero arbitrio) から聖書解釈の一例をとりあげてみよう。

エゼキエル書18章32節「主は言いたもう、イスラエルの家よ、汝らなんぞ死んでよかろうか。我は死ぬ者の死を欲せざるなり、されば汝ら立ち返りて生きよ」についてペラギウスはこの聖句が誡めとして自由意志に与えられたのであると見る。すなわちここには誡めがあるとする。これに対しアウグスティヌスはこの神の律法の背後には神の恩恵の意志を認めることが何より大切であるという。なぜなら「神よ我らを立ち返らしめ給え」(詩80・3)と呼びかけられている神が、ここでは「汝ら立ち返りて生きよ」と語っているからである。すなわち「われ新しい心を汝らに与え、新しい霊を汝のうちに与えん」（エゼキエル36・26）と言いたもう神自らが「汝ら自らに新しい心と新しい霊を造らん」と語っているからである（『恩恵と自由意志』15・31）。このエゼキエル書の解釈をめぐって後年ルターとエラスムスが激しく論争したのであるが、ルターが『奴隷意志論』（De servo arbitrio）の中で論じた思想は、すでにアウグスティヌスによって十分解明されている。ルターもアウグスティヌスと同じくこの聖句のもとで神の律法ではなく、神の恩恵の意志を捉えている。だが、アウグスティヌスにとって新しい霊を人間に与えたもう神は「恩恵の御霊」（spiritus gratiae）として人間の心の奥深く働きかけたもう。こうして神は頑な石の心をとりのぞき、信仰をもたせたもう。「恩恵の御霊はわたしたちに信仰をもたせ、信仰による祈りをもって、命じられていることができるようにしたもう。律法が命じるものは、わたしたちがそれを行ないうるために信仰を介して祈り求め、行ないうる力を獲得するのでなければ、わたしたちはそれを行なうことはできないからである」（同14・28）と彼はいう。恩恵と自由意志についての論争は聖書解釈の問題となって表面化しているが、ペラギウスとアウグスティヌスの宗教的体験の相違にまでさかのぼらなければならない。すなわち人間の意志の脆弱さ（infirmitas）と神の全能の徹底した認識、そして人間の生が試練（tentatio）と戦い（certamen）であり、これこそ神の恩恵の働く場（gratiae Dei locus）であるという認識がアウグスティヌスの全思想に貫徹されている。だが天地の創造者は人々の心に働きかけ、清き心（cor mundum）を創造したもう。これこそ新生（regeneratio）である。

心に働きかけ新しい生命を創造する神の恩恵こそ、後期アウグスティヌス神学の中心的テーマである。彼は神の愛が聖霊を通して心に注がれ、信仰によって律法が愛され、完成されることを強調する。神は心と意志の奥底とを調べる者である。この神の前に人は心の戦慄をもって恩恵に寄りすがらなければならない。ここで再び「心」概念が神の前なる人間を表わし、キリスト教の教義がこの立場から解釈されているのが知られる。神の愛が聖霊によって心に注がれると、愛の倫理の完成、すなわち律法の実現に至るのであるが、このことは恩恵論の発展的図式の完成を意味する。すなわち、「律法は、恩恵なくしては実現し得ないことがらを、教え命ずることにより、人間に自己の弱さを明示する。それは、このように証明された弱さが救い主を求めるためであり、この救い主によって救われた意志が、弱さのゆえに不可能なりしことがらを可能にする。それゆえ律法は（証示された弱さにより）信仰にまで導き、信仰は無償の御霊を求め、御霊は愛を心に注ぎ、愛が律法を実現する」（『手紙』145・5）。

このように愛が心へと注入される前提には律法による人間の意志の脆弱さの認識があって、人間のこの絶望的状況こそ原罪の教義とさらに恩恵の必要なるを説くに至る根本的な事実なのである。人間の絶望的状況はアダムでもって神話的に語られるが、キリスト教的な生活体験と生き方の解釈にとっては「神の前における自己」の状況こそ大きな意味をもっている。原罪の教義は確かに教義以前の、また教義外の、基礎的体験の事実を問題にしているといってもはたして過言であろうか[12]。アダムにおける堕罪という神話的表象は、この罪の事実を過去へと移して解釈したものであり、予定の教義はこれを未来へと移して解釈しようとするものである。これらの教義はアウグスティヌスの「恩恵のみ」という自己認識から解釈されているかぎり、意義をもつものである。幼児洗礼の教説も、彼が『告白録』第1巻において生活史を新生児にまでさかのぼらせ、原罪の教義と人間の生活とを結びつけているので、たんなる教義上の合理的に認識された二次的問題であった[13]などとわたしたちは決して理解すべきではない。

こうして一般的にいって教義化は自己を解釈し、共通の言語へと客観化しようと欲する根本的行為であるということができる。原罪説と予定説を中心にする恩恵論もこのような生き方の解釈学的構造からして初めて正しく把握できるであろう。また、恩恵による霊的新生、愛による律法の実現といったアウグスティヌスの後期倫理説もこのような教義とともに発展してきたものである。しかし彼にとって生き方の基本構造は神に向けて（ad Deum）創られている神への対向性もしくは神の像へと（ad imaginem Dei）創られた人間存在の完成である。それゆえに、彼の倫理はたんなる律法の実現や自己の完成といった倫理的善を超出した普遍者なる神への応答によって自己・社会・歴史・万有の完成を希望する壮大なる善をめざすものである。ここにアウグスティヌスの思想世界が立ち上がってくる。

注

（1）Portalie, Augustine, A Guide to the thought of St. Augustine, 1960, p. 89 にしたがい、この論文では発展史的に倫理思想を問題にした。
（2）Cicero, Hor. frag. 36; Tusc, V, 28.
（3）Sermo 150, 4; Ep. 118, 13; Conf. VI, 10, 17, ib., 19; De beata vita 1, 5 ; Sermo 150, 18.
（4）De mor. eccl. cath., 16, 26; 3, 4;19, 35; De doctrina christiana, I, 3, 3f.
（5）なお cor 概念について misericordia（憐れみ）から cor をアウグスティヌスは分析しているが、これも内容的には聖書的概念に由来している(De mor. eccl. cath., 27, 53)。さらに聖書から採用されたことを当時の著作である『音楽論』(De musica) も次のように語ってこのことを示す。「喜びはいわば魂の重みである。それゆえ喜びは魂を秩序づける。というのは〈汝の宝のあるところに、汝の心もあり〉、喜びのあるところに、宝がある。しかし、心のあるところに、幸福か不幸かがある」(De musica VI, 11, 29)。

（6）その例として、De sermo dom., in monte II, 7, 23; 11, 38; De continentia, 17, 18, 22, 23. を参照。

（7）Contra duas epistulas Pelagianorum, I, 10, 22; すでに415年頃からローマ書第7章における人間の問題について考察が始められ、詩編注解や説教でも言及され、さらに使徒は自分自身のことを語っていると見るようになった (De nuptiis et concupiscentia I, 30-36). そして決定的には Contra Julianum Pelagianum VI, 23, 70-73 で転向の説明が与えられた。なおローマ書第7章の解釈については次の研究がある。Jonas, H., Augstin und das paulinische Freiheitsproblem, 1930; Dinkler, E., Die Anthropoligie Augustins, 1934 ; Platz, P., Der Römerbrief in der Gnadenlehre Augustins, 1938.

（8）Bauer, Die christliche Kirche vom Anfang des vierten bis zum Ende des sechsten Jahrhunderts, 1859, S. 144 ——これに関して、またこれに対する反論として Reuter, H.,Augustinische Studien, 1967, S.16ff. がある。

（9）ペラギウスは恩恵を罪の赦しとしての洗礼に限定し、永遠の生命は人間の功績によると見ている。したがって罪の赦しは過去の罪に関係し、将来の罪や現在の罪の戦いには役立たないと見ている。

（10）ディンクラーはこの解釈の転向の原因を宗教的深化（religiöse Vertiefung）に見、それは情欲の克服し難いこと (Unüberwindbarkeit der Conupiscenz) に帰因すると解している (Dinkler, op. cit., S. 271)。

（11）解釈学史上アウグスティヌスは重要な貢献をしている。彼をマニ教の迷妄から解放したのはアンブロシウスの比喩的聖書解釈であった（Conf, VI, 4, 6）。アウグスティヌスは比喩的聖書解釈の原理を『キリスト教の教え』（De doctrima christiana）の中で論じているが、このような原理に則って具体的に解釈学的思惟を展開しているのは、『三位一体の教義を扱った『三位一体論』(De trinitate) とか、恩恵の教義を扱ったペラギウス論争の諸著作である。そこには論争の的となっている教義を自己の深き内面性の立場から解釈していく解釈学的な思想が見いだされる。

（12）金子晴勇『ルターの人間学』創文社、付録論文「宗教的原体験の意義について――特にアウグスティヌスとルターの比較による試論的一考察」を参照。

（13）Jonas, H., Über die hermeneutische Struktur des Dogmas (in: Augustin und das paul. F.) S. 80ff.

［談話室］　プラトン主義の受容と批判

アウグスティヌスは回心に至る途上でマニ教の二元論を克服するのに新プラトン主義が大きな助けとなった。彼は新プラトン主義のプロティノスおよびその弟子のポルフュリオスの著作によって神の霊的認識に到達し、同時に悪とは「善の欠如」(privatio boni) にすぎないとの洞察によって、悪を意志に生じる高慢である罪として把握するに至った。彼は新プラトン主義の主知主義的傾向を全面的に排斥するのではなく、主意主義的な側面をとくに受け入れ、これとキリスト教との総合をめざした。当時のミラノには新プラトン主義のグループがおり、その思想はキリスト教徒によって積極的に受容されていた。したがってアンブロシウスやシンプリキアヌスのような指導者もこうした傾向をもっていた。

アウグスティヌスは生涯を通して聖書の権威をもっとも重んじたけれども、プロティノスからの影響は晩年に至るまで認められる。その際、プラトン主義の伝統がカトリックの信条と両立しうるならば、彼はそれに異議を唱える理由を全くもたなかった。もちろん彼は異教的なプラトン主義者たちが多神教、永劫回帰の世界、魂の転生を受け入れた点で間違っていると考えた。古代の霊魂再来の信仰は余りにも宿命論的であったがゆえに、全能の創造神の観念とは両立できなかった。というのは神はその贖いの力により理性的被造物を神との交わりという真の目的へと導こうとするからである。とはいえ一般的にいってプロティノスが説いた美の観念や究極目的としての神の観照、また神的照明に対する信念、さらには魂とその清めの主張などに影響の跡は明らかである。彼がプロティノスから受容した学説を挙げると次のようである。

①哲学の概念、
②その対象（神と魂）、
③知恵の目的としての幸福、
④知性と悟性との区別、
⑤観照に至る諸段階、
⑥不変の真理の神的性格、
⑦神の創造者・叡知的光・恩恵という三重の役割、
⑧種子的理念の学説、
⑨善の欠如としての悪、

⑩内面性の強調などがあげられる(E. Portalié, A Guide to the Thought of Saint Augustine, p. 99-101.)。

しかし、プラトン主義とキリスト教徒の距離は次第に自覚されるようになり、三位一体を説いてもキリストの受肉を否定するポルフィリオスと対決するに至った。この点は身体論にもっともよく示されている。初期の思想でキリスト教と相容れない問題点は晩年に『再考録』で批判されている。新プラトン主義者らに対する主な批判点をあげると次のようになる。

①受肉と復活の否定、②十字架の秘儀の否定、③神の子の謙虚に対する無知、④徳の源泉として恩恵を説かない点が問題視され、さらに⑤非人格的な神、⑥宇宙の永遠性、⑦二世界説、⑧想起説、⑨身体=牢獄(ソーマ=セーマ)学説、⑩魂の不滅論証など。

これらはキリスト教の観点から批判的に修正されるようになった(E. Portalié, op.cit., p. 101-103.)。

5　思索の方法——理性と信仰の問題と神学的思索

はじめに——問題の所在

理性と信仰という主題はアウグスティヌスの最初期の著作『アカデミア派批判』以来生涯をとおして探求され、彼の哲学的方法論として展開された。この主題はプラトン哲学を経てキリスト教信仰に到達した彼の基礎経験から直接生じて来ている。それはユスティノス以来のキリスト教教父哲学の伝統に深くつながる問題でもあった。古典期のギリシア哲学ではプラトンによって典型的に説かれているように、「信仰」（ピスティス）は「思い做《な》し」（ドクサ）の一形式にすぎず、主観的確信を意味した。したがって信仰は理性的認識よりも低い段階であって、認識へ向かって転向もしくは発展すべきものとみなされていた。ところがキリスト教ではこの同じ信仰の概念が人格的信頼の意味にまで高められるに至った。このような変化は、認識する主観の側だけでなく、認識の対象の側にも起こった。つまり、認識対象としての「真理」（アレテイア）概念は真実在を開示することを元来意味していたのであるが、これが新約聖書とくにヨハネ福音書によって受容された過程で、意味が変化し、真理はイエスという歴史的人格と同一視され、これによって人々が導かれる「道」として説かれるようになった。こうして元来は理性の認識対象であったものが、人々を導く神的権威として信仰を要請するようになった。それゆえ信仰と理性の問題はキリスト教古代からキリスト教思想の中心的な主題として考察されるようになったが、そこには二つの対立する立場が見られる。一つは信仰を理性的認識に至る低次の段階とみなし、信仰を知識に融合しようとする主知主義であり、もう一つは逆に知識を信仰のうちに編入しようとする信仰主義（fideism）である。

アウグスティヌスは最初はプロティノスの知性的救済論にしたがって主知主義的傾向に傾いていたが、その後この対立する二つの立場を統合しようとした。つまり知識と信仰の二元論を新プラトン主義の神秘主義とカトリック教会の権威信仰とに分けてとらえる試みから、二つを総合することへと向かって克服しようとする。このことは哲学と宗教とを統合的に把捉しようと意図している『真の宗教』（De vera religione）において最も明確に示された。このような統合の試みは、トレルチも指摘しているように、精神的に成熟した古代末期の中心的問題であった神秘主義と一般大衆のための権威要求とを総合しようとするものであり、当時の世界の要求に対する回答でもあった。[1] さらに後期の思想では信仰によって知性の内実を制限するようになり、信仰の優位のもとに総合がなされた。

さて、理性と信仰との関係は、近代人の主観性にもとづいて、理性と信仰の認識作用によってのみ考察してはならない。古代人の精神では理性はその対象として永遠の理念（イデア）と関係しており、他方、キリスト教信仰はその対象を神の言葉の受肉にもとづいて起こっている。このように相関する「認識と対象の関連」を無視して、理性と信仰を論じると、近代的主観性の誤謬に陥る危険があると言えよう。

さらに永遠の理念、つまりイデアと神の言葉とはキリスト教の創造説によって究極的には同一なものとみなされていた。すなわち、イデアは神が世界を創造した際の創造思想内容として神の知恵の中に吸収されるようになった。[2] だから知性界は世界創造の「永遠の理念」(rationes aeternae) に置き換えられた。[3] つまり創造思想は元来は神によって世界は新たに創造されたという信仰の表現であったが、ここではプラトン以来のギリシア的存在論と結合し、世界解明の一般的原理となった。その根本思想は、神が自己の本質である愛から自己の思想たるイデアにしたがって世界を創造し、かつ、保持しているという主張となったのである。

こうしてプラトン的な知性界がキリスト教化され、他方では創造信仰が形而上学的世界解明の原理にまで理念化されたのである。したがってプラトンに見られるイデアによる概念的認識の性格が弱まり、イデアは啓示的性格の下に「光」という表象で語られる。この啓示的性格から神人キリストも神的理念に満ちた存在として知性界と内容において同一視されるようになった。それゆえアウグスティヌスの思想においても理性の認識作用をイデアに、信仰の対象を神人キリストにと、理性と信仰とがあたかも自然と超自然的恩恵とに分かれているように、分離している考えてはならない。なぜなら世界を自然と超自然的恩恵とに分けて考えることは、中世社会において社会構造から必然的に起こったことであっても、キリスト教古代には知られていなかったからである（トレルチ、前掲書、166頁以下）。

このことから帰結することは、理性と信仰とが対象としている世界は本質において同一でありながら、その現われ方が相違するということである。このことを最も明らかに語っているのは『魂の偉大』に続いて書かれた『カトリック教会の道徳』(De moribus ecclesiae Catholicae) であって、信仰の対象である権威が知恵の光を直視できない者に対する配慮によって創られた「権威の陰」(opacitas auctoritatis) として規定され、同一の知恵が人間の精神を光として照明し、また権威の「人間性の陰」(humanitatis opacitas) として知恵に至る道を備えている、と説かれた（『カトリック教会の道徳』2・3、8・11)。こうして真理の超時間的神秘的照明という現われ方と時間的受肉という秘儀的なものの権威(mysteriorum auctoritas)という現われ方との顕現の仕方が区別され、それにもとづいて理性と信仰との分離ではなく、区別が語られるようになった。

わたしたちはアウグスティヌスの思想で、理性と信仰とを問題にするときに留意すべきことを簡単に述べた。先にも指摘したようにこの問題をもっとも明確に説いている『真の宗教』をまず考察しながら初期の思想に見られる基本的主張を把握し、それが後期の主著『三位一体』にどのように展開しているかを解明してみたい。その際、理性を単なる分析的悟性に限って理解するのではなく、理性よりも上位の作用たる知性(intellectus)をもたえず考慮しながら、信仰との関係を問うてゆかねばならない。そして理性と信仰が相互に関わりながら動的に発展する方法の基礎にいかなる人間学的自覚が働いているのかを明らかにしてみたい。

『真の宗教』における信仰と理性

理性と信仰の問題は初期の哲学においてさまざまな動機で提起されている。『アカデミア派批判』第三巻では、プラトン派の哲学は聖書が非難する「この世の哲学」ではなく、知性界の哲学であるが、そこに至るためには「身体によってひどく汚れている魂」が清められねばならない（『アカデミア派批判』Ⅲ・19・42）。この清めには神の権威の援助が必要であって、そのためには神の言葉が人間の身体をとる受肉がなければならない、と説かれた。そこから権威信仰と理性の問題が「わたしたちは知恵を学ぶのに二つの強い力、すなわち権威と理性の力によって動かされているのをだれも疑わない」（前掲書、Ⅲ・20・42）と要請された。ここでは魂に対し身体が重荷であり、身体によって魂が汚されるというプラトン主義的発想に導かれ、神のあわれみが身体にまで下り人間を知性界に導くのである、と説かれた。この観点から理性と信仰の問題がマニ教の誤った合理主義に対する批判という形で『真の宗教』では提起されたのである。

マニ教徒たちは「二つの本性もしくは実体が各々の原理にもとづいて互いに反抗し合っている」（『真の宗教』9・16）と説き、世界は善の実体と悪の実体とから成る二元論によって合理的に解明され得ると信じていた。この形而上学的二元論は次のような人間学的二元論を帰結する。すなわち彼らは「一つの身体の内部に二つの魂が存在すると考え、一つは神から出たものであり、……他は暗黒の種族から出たものである」（同）とみなし、人間における悪の起源を説明しようとした。これに対決してアウグスティヌスは、マニ教徒によって神話的に物語られている「悪の起源」（unde est malum）の探求から、「悪とは何か」（quid est malum）という悪の本質を存在論的に考察する方向に切り換えた。というのも、悪自体、つまり形而上学的悪は善なしには存在しない、悪は善（存在）の欠如（privatio boni）であるという新プラトン主義の学説にしたがってマニ教の教えが学問的に支持しがたいことを論証することができたからである。しかし、このようにして積極的に受容した新プラトン主義は彼の理性論に決定的影響を残したのである。

こういうプラトン主義の傾向のみならず、『真の宗教』ではキリスト教的要素も見られる。つまり知性界は神の創造の理念として考えられているため、知性界の高みにおいて神は存在の根源・知性の光・秩序づける恩恵として三位一体的様相をもって示されるようになった（同55・113）。こうして彼は健全な信仰の立場が理性に対して優位すると説くようになる。その際、理性かそれとも信仰かの優位性の問題の根底には人間存在の時間性とそれにもとづく悪の可能性という人間学的自覚がたえず存在しているといえよう。(4)

この優位性をもっとも簡潔に示している文章を『真の宗教』から引用し、その特徴を指摘してみたい。

神の摂理と言い表わしがたい慈愛によってもたらされる魂の医薬そのものも、段階と区分において（gradatim distincteque）たいへん美しいのである。すなわち権威（auctoritas）と理性（ratio）

とに配分される。権威は信仰（fides）を要請し、人間を理性へと準備する（praeparare）。理性は人間を知性と認識（intellectus et cognitio）へと導くのである（同24・45）。

このテキストに述べられている注目すべき視点をいくつか挙げてみたい。

(1)まず「段階と区分において」という表現が多く用いられる。段階というのは「時間的なものから永遠的なものにまで昇る信仰の段階（gradus fidei）」を意味し、「理性の認識に至るまでの発展段階である」（『説教』126・1）とか「信仰は敬虔の段階である」（『ヨハネ福音書講解説教』XXIX・6）とも語られている。次に区分というのは時間的なものから永遠的なものに至る超越段階に区別（distinctio）があることを示す。初期の著作『秩序』では「理性の道」（via rationis）と「権威の道」（via auctoritatis）とが二つの道として区別され、前者は哲学的思索による方法であり、きわめて少数の者しか自由にしないため、後者の秘義的な権威の道をとることが勧められていた。こうして「段階と区分において」というのは理性と信仰との区別と信仰から理性への発展段階とを最も簡潔に表現しているといえよう。

(2)次に「権威は信仰を要請する」という言葉の意味は何であろうか。権威（auctoritas）は外的力の行使による強制とは相違しており、内的自発性をもって同意を起させる創始者（auctor）としての感化力を意味し、「創始性」・「説得力」・「信用」を意味し、後に法廷における「決定」や「命令」をも意味するようになった。この言葉はアウグスティヌスでは信仰の客観的根拠としてよりも、「神認識の教育的媒介」の意味で用いられ、『真の宗教』では「説得力」の意味で用いられている。(5) つまりキリストはプラトンの説いた真理を人々に説得し、そこに至る道を備えたもうた、愛と威厳にみちた存在として考えられた（『真の宗教』I・3・5）。権威は信仰を説得し、要請して、信仰を創始せしめるものであり、かつ、人間のように誤ることのない決定的確証をもって示す場合、そこに神的説得力が働いているため、神的権威が認められる。したがって信仰が「同意をもって思惟する」（cum assentione cogitare）とか、「同意なしには信仰もない」（『エンキリディオン』7・20）と言われる場合、同意は神の言葉に聴き従う、謙虚なる思惟の態度であって、権威に服するとはいえ、単なる受動的なものではない。それゆえ、信仰とは神の権威による説得にしたがって、その勧めに「同意して思惟する、謙虚な理性」にほかならないといえよう。この信仰の対象は神の言葉の受肉である。実際、受肉のもとで彼は肉をとりたもうた神性の謙虚を考えている。こういう受肉の真理に教育され養われて理性は、その本来の姿にまで更新されるのである（『告白録』Ⅶ・18・24）。この理性本来の姿への帰還を説得するものが権威であって、このような帰還のために信仰が必要なのを説いているのも権威なのである。だから「理性は誰を信ずべきかを考えているとき、権威をまったく捨てているのではない」と言われている（『真の宗教』24・45、『自由意志』Ⅲ・10・30）。

(3)「権威は人間を理性へと準備する」とはどのよう意味をもっているのか。つまり権威信仰は理性認識に至る準備段階であるという思想のもつ意義である。だがこの主張はプラトンに従って信仰は認識より劣る低次の段階にすぎないと考えられてはいない。そのように考えるのは、グノーシス主義である。確かに信仰は準備段階であるが、現世の主たる営為や任務はこの信仰なのであって、理性によって神と真理を観照するのは現世では不可能であって、それは終末論的な希望となっている。したがってこういう思想がアウグスティヌスの核心にあって、それを力説するようになったことに疑いの余地はまったくない。そこで「信じなければ、あなたがたは理解されない」（イザヤ書第7章9節の七十人訳からのラテン訳）を彼は引用し、「理解するために信ぜよ」(Credo, ut intelligas) との命法を繰り返し述べている。信仰が理性認識に至る準備段階であるという意味は、神の観照へと理性が導かれるためにはその必然的前提である心の清めが行なわれなければならず、それを行なうのが信仰にほかならないからである。心の清くない者は神を見ることができないというのが聖書の根本的な教えであると彼は理解した（マタイ5・8）。神を信じることにより現世的欲望と情欲とから解放され、理性は清められた澄んだ目ざしをもって神の観照と浄福の生に、現在はまだ到達していなくとも、将来において達し得ると説いたのである。

理性と信仰の関係――「理解するために信ぜよ」と「信じるために理解せよ」の意味

こうして「理解するために信ぜよ」という命題は信仰が理性認識に至る準備段階であることを説き、信仰の優位性を端的に表わす根本命題であることが明らかになった。しかしアウグスティヌスは、「理解するために信ぜよ」という命題とちょうど反対の方向をとる逆命題「信じるために理解せよ」(Intellige, ut credas)をも説き、逆もまた真なりと主張する(『説教』43・7・9)。この逆命題「信じるために理解せよ」というのは、いわゆる信仰自体の可信性、もしくは信仰の不可避的必然性を理性によって知ることなしには信仰も人間に起りようがないことを示すものである。「実際、信仰よりも思考の方が先行しているのを知らない人があろうか。まずはじめに信仰すべきであることを考えないとしたら、誰れも何かを信じたりはしない」(『聖徒の予定』2・5)。だから信仰の不可欠性を知る理性は、たとえその働きがどんなに小さいものであっても理性であって、信仰に先行している。この意味で『三位一体』を理解するのに重要な書簡では、「理性的な魂をわたしたちがもたなかったとしたら、信ずることもできない」(『書簡』120・I・3)と言われている。

理性と信仰の優位性を示すこれらの二命題は相対立しているため、これをいかに解釈すべきかが提起された。たとえばグラープマンは『三位一体』第一二巻で語られている知識と知恵(scientia et sapientia)の区別を援用し、信仰の可信性を認識する、いわば小さい理性を自然約理性とみなし、信仰の段階を経て到達する知性を超自然的理性とみなして、理性―信仰―知性の三段階の図式があると主張した。(6) しかし、長沢信寿はこの三段階的な図式では理性と信仰の問題が解明し尽されていない点を見いだし、信仰の可信性を知る自然的理性にも信仰が伴っているがゆえに、このような理性に伴っている信仰を「即自的信仰」とみなし、知性を媒介とした自覚的な「対自態」から進展して、「即自且対自的信仰」へと弁証法的に運動する図式が存在すると主張する。この図式は信仰―知性―信仰となって発展するが、この図式を理性―信仰―知性という先の図式と否定媒介的に、理性と信仰の各段階ごとに媒介相即させて、さらに理性から信仰、信仰から知性への運動を「非連続の連続」として彼は捉えている。(7)

グラープマン以来定説となっている三段階説は確かに妥当する側面をもってはいるが、理性と信仰とを分離し、矛盾的に対立するものと想定したり、自然的理性と超自然的理性に理性と知性を分離するならば、それは必ずしも正しい解釈とは言いがたいと思われる。そこで二つの命題の関係について次のように批判的に解明することができるであろう。

(1)まず「信じるために理解せよ」という逆命題の位置について考えてみよう。この命題は「理解するために信ぜよ」という根本命題ほどには一般に使用されていないばかりか、根本命題によって否定されている場合さえあるが、その位置は「理解するために信ぜよ、信じるために理解せよ」と続いているように、根本命題に後置されていて、それに対する補則命題となっている。それゆえ、ド・ヴルフの指摘するごとく、根本命題の補完物（complement）であると言うことができよう(8)。

(2)次に「信じるために理解せよ」という逆命題の働きについて考えてみたい。この命題が求めている理解を行なう主体は、信仰に先行するという、いわゆる小さい理性であって、信仰に先行するとはいえ、信仰から離れていないで、信仰の主体へ向けられた反省として働いており、信仰自体の可信性と不可欠性とを自覚する。信じるということは、自己によっては自律できず、他者に向かって寄りすがることである。したがって神の啓示を受けとる場合、信仰は信じられる対象ではなく、もはや自己が自力で立ち得ないため自己を超えて他者に向かう主体の運動となる。「なぜなら信仰とは信じられる対象ではなく、それによって信じられる働きであるからである」（『三位一体』XIV・8・11)。このような主体へ向けられた反省、もしくは内省分析こそアウグスティヌスの思索の個性的な特質である。そこには「人間学的問題設定」(リンク)が働いており、信仰も人間学的視点からその不可欠性がたえず反省されている。[9] このような「先行する省察にもとづく啓示の受容」(レーヴェニヒ)こそ彼の思想の最も顕著な特質となっている。[10] したがって「信じるために理解せよ」という命題は「理解するために信ぜよ」との根本命題自体をも認識するものであって、その優位性は時間上の優先にあるのではなく、人間学的自覚における先行性を言い表わしているといえよう。

(3)いまわたしは「信じるために理解せよ」という命題は信仰の主体たる人間へ向けられた命法であると述べたが、この命題が信仰の主体ではなく対象に向けられている場合がある。すなわち「わたしの言葉は信じるために理解せよ、神の言葉は理解するために信ぜよ」(『説教』43・7・9)とあって、根本命題と補則命題の順序が逆転している。このテキストに知識と知恵の区別が適用され、[11] 補則命題から根本命題へと発展的にとらえられ、「わたしの言葉」が知識とされ、「神の言葉」が知恵とみなされ、前者に自然的理性が関わり、後者に超自然的知性が関わり、理性―信仰―知性の三段階的図式が見られると説かれている。

さて知識と知恵の区別は感性界と知性界との二つの認識の対象に対して精神が関わるときの

上位と下位の働きの相違によって生じている。しかし、このテキストでの補則命題の対象は「わたしの言葉」(verbum meum)という説教内容を指している。説教は知恵を含んでいる知識である聖書の証言から成立しているがゆえに、知識と知恵の区分ではなく、知恵を内包する知識を対象とする信仰の三位一体的認識を問題にすべきである。その認識構造は信仰対象の記憶・知性・意志の三一構造である(『三位一体』XIII・20・26)。信仰対象である歴史の啓示は時間的なるものに関わるかぎり知識に属していても、啓示知識は時間のうちに自己を実現させた永遠の知恵なのであり、啓示知識は知恵に至る特殊な直観形式をそなえもつと理解されている。知識と知恵、また行為と観照とは一応区別されているが、排他的な分離は本来存在しないし、ことに信仰が問題となっている場合には、分離ではなく積極的関係が意図されているといえよう。

(4)二つの命題の正しい関係は相互要請の関係であるといえよう。アウグスティヌスは詩編118編73節の講解で二つの命題を区別し、根本命題の必然的優位を認めながら次のように語っている。

それゆえ、わたしたちの理性は信じるものを理解するように進展し、かつ、信仰は理解するものを信じるように進展する。こうして同一のものがいっそうよく理解され、この理解によって精神は進展する(『詩編注解』118・73)。

ここに明瞭に述べられているように、精神は同一の対象を理解する働きとして理性と信仰との二重の運動をもち、相互に他に関わりながら理解はいっそう進展する。その際、「信じるものを理解する」という信仰内容の理性的解明がなされながらも、それによって信仰は終末に達するのではなくて、いっそう進展し、理性と信仰とが不離なる関係を保っているのは、理性の認識が自己の自然本性の可能性を超えて超越者の語りかけを聴く謙虚なる態度をもち、認識が同時に人間の罪に満ちた現状からの救済となることに由来しているのではなかろうか。アウグスティヌスの場合、理性の認識が認識を行なっている者の生き方への人間学的反省をたえず伴っているため、信仰内容の理解が理解している者自身への反省という同時的に併発する運動を起し、信仰の不可欠性を自覚するため、信仰内容の認識が信仰を発展させる結果を引き出している。こうして認識は単なる知識にとどまらず、自己の生き方と深く関わる知恵の探求に向けられるのである。知恵の探求には「発見しようとする者のように探求し、また探求しようとする者のように発見しよう」(『三位一体』IX・1・1)という関連が本質的に含まれており、ここから信仰と理性との相互要請も生じて来ているといえよう。

「愛によって働く信仰」の意義

このように認識と人間存在との分離しがたい傾向は理性の主体的な性格を規定しているが、それはエロース的要素とアガペーの契機との統合にも見られる。そこでアウグスティヌス的愛が信仰と理性に対しいかなる意義をもっているかを略述しておきたい。

アウグスティヌスは愛によって働く信仰を credere in であらわし、愛を伴わない悪魔の信仰を credere であらわし、両者を区別している。『ヨハネ福音書講解説教』で、不信心な者を義とする信仰の意義を問い、「キリストを信じるとは何か、それは信じながら愛し、信じながら敬愛し、信じながら主キリストのうちに入り、その肢体に合体されることである」(Quid est ergo credere in eum? Credendo amare, credendo diligere, credendo in eum ire, et ejus membris incorporari.『ヨハネ福音書講解説教』)と彼は言う。この場合の「信じる」は credere in で示され、それは愛によりキリストと合一することであると説き、愛のない信仰はキリストを否定する悪魔のものであると言う。このキリストをかしらとする教会はキリストの神秘的からだであり(同XXVI・13)、キリスト者はキリストであるとも言う(同XXI・8)。こうして愛によって働く信仰はキリストとの合一へ導き、そこにキリスト神秘主義(Christus-mystik)を確立し、「人なるキリストから神なるキリストへ」(per Christum hominem ad Christum Deum) と向かう超越となる（同XIII・4）。この「人なるキリストから神なるキリストへ」というアウグスティヌスの命題は高く響びゆる灯台のごとく全世紀にわたるキリスト神秘主義に目的への正しい道を示している」（グラープマン、前掲書、93頁）。したがってヨハネ福音書に語られている credere in （πιστεύειn εἰσ） という表現は共観福音書のそれよりも意義が深く、全人格的行為をもってキリストに献身することを示す。[12] アウグスティヌスもヨハネと同様に愛を伴った信仰が全人格をあげてキリストに寄りすがり、キリストとの合一に至る神秘的特質をもっていることを強調する。愛によりキリストと合致し、存在を更新し、神の観照と享受に至ることが信仰と理性の働きであって、それは「キリストの倣び」(imitatio Christi) である。

これまで理性と信仰との優位性の問題を論じてきたのであるが、信仰の優位を示す「理解するために信ぜよ」が基本となる根本命題であること、それに対し「信じるために理解せよ」という逆命題は補則命題でありながらも人間学的自覚として認識に主体的に関わっていることが明らかになった。人間学的自覚はあたかもカントの根源的統覚のように対象的意識に伴われた自己意識の役割を果たしているといえるであろう。

さて、わたしたちは次に愛によって働く信仰の清めの段階を経て理性が到達する認識の究極的在り方について考えてみなければならないであろう。それは先に触れた『ヨハネ福音書講解説教』の愛によるキリストとの神秘的一致という中心思想をいっそう組織的に究明した『三位一体』にもとづいて解明できるであろう。そこでは愛の存在論的考察から理性認識の構造的理解が展開しているからである。

『三位一体』における信仰と理性

信仰から理性へという基本姿勢は『三位一体』全体の枠組を造っている。すなわち前半は聖書の証言とカトリック教会の教義にしたがって信仰による三位一体の神について述べられ、後半はさらに内面的方法をとって理性の認識作用の構造分析から三位一体の神の認識を扱っている。したがって信仰から理性へと議論が展開していることは明瞭であるが、前半と後半の橋渡しをなしているのは、第八巻における愛の現象とその分析であって、人間存在の考察が重要な意義をもっている。もちろん自然や事象の中に三一構造が三位の神の面影が認められるとしても、[13]この現象と分析を手がかりとして神の像が理性の認識作用のうちに探求されている。

アウグスティヌスは第8~9巻において、三位一体の神は実体が一であり、ペルソナが三として語られているが、この神の認識はいかにして可能であるかを神の本質を示す言表の認識について検討しながら、人間の魂のうちに「内的真理」(veritas interior) として宿る理念に向かう愛の働きの中に、神の認識に至る端緒を見いだしている(『三位一体』Ⅷ・1・1〜7・10)。

(1) 愛の三肢構造

愛の経験的な現象を彼は最初分析し、愛の三肢構造 (tria) を取り出す。一般に言葉が何かを述べながら同時に自己自身をも述べているように、愛も何ものかを愛しながら同時に愛そのものを愛している。こうして愛は愛の根源である神に繫がっている(同Ⅷ・8・12)。そこから「愛する者」(amans)「愛されるもの」(quod amatur)「愛」(amor) の三肢がとらえられる (ibid.,10・14)。愛がもっている対象志向性は認識をして対象の存在や記憶内の表象に依存させることなく、対象を志向し関心をもつ心の注意作用 (intentio animi) とか意志を中心に立てる(同XI・2・3)。このような愛の根源的志向性は認識する際に精神が対象に向かう主体的な関わり方を造りだし、他の諸々の行動をも基礎づける根源的作用である。

だが、愛の三肢構造は、愛する者と愛される対象との二つの実体から成立しているので、三にして一なる関係構造をもっていない。愛する者と愛される対象とが実体的に一である場合は自愛

(amo sui) の現象である。しかし、自愛の現象では愛する者と愛との二肢構造であって三肢をもっていない（同Ⅸ・2・2）。そうはいっても自愛という現象は、自知（notitia sui）なしにはあり得ない。したがって愛が知を媒介にして自己を精神（mens）として定立するとき、精神の自己規定に現われる三一構造、つまり「精神・自知・自愛」が捉えられる。この精神の三一構造は三肢がそれぞれ独立でありながら相互に関わり合う三位一体の神の類似像である（同Ⅸ・3・3〜5・9）。ところがこの像は、精神という一つの実体の内部においてのみ三肢が関係し合っているため、精神の基体である魂の可変性により永遠的なものではない。そこでアウグスティヌスは「自己のうちに見る」(videre in se) というのと、魂のうちに宿っている「真理自体のうちに見る」(videre in ipsa veritate) とは相違していることを指摘する。

(2) 知性 (intelligentia)

精神が不変の真理を認識するとき、精神自身よりもさらに内的である真理を認識しているのであって、そのような認識を行なうものは知性 (intelligentia) である。「インテリゲンティアとは魂が真理を観照しているかぎりでの魂である」(シュマウス、前掲書、305頁)。この知性を記憶(memoria)内部の理念に向けるのは意志 (voluntas) の働きである。ここから知性的認識における三一構造として「記憶・知性・意志」という類似像が把握される(IX・6・9、X・11・17)。

(3) 愛の根源なる神に向かう超越と二つの三肢構造の関係

これら三位一体の類似像を発見する手引きとなっているのが愛の現象であり、この愛が知性を媒介にしてその存在構造が解明されたことがここに明らかになった。しかも愛の本性は対象に向かいながら同時に自己に向かっている。さらに自己を超えて愛の根源なる神に向かう超越が愛のうちに内在している。アウグスティヌスの説く聖い愛カリタスは、神への愛と自己への愛とを一つに融合させた統合体を形づくっている。「わたしたちが神を愛すれば愛するほど、わたしたち自身を愛しているのである」(同VIII・8・12)と彼は語っている。愛は知性的対象として理念に向かいながら同時に自己を愛する。この二つの運動は矛盾しないで同時に併発している。すなわち愛は自体的に何かに向かう志向性でありながら、愛の根源である神とその創造思想たる理念に向かう。この愛の二重性が知性を媒介し、自覚的に愛の生命を意志として明らかにされるとき、先に述べた二つの類似像、つまり「精神・自知・自愛」と「記憶・知性・意志」が把握されてくる。この二つの類似像の関係についてトマス以来多くの解釈がなされてきた。[14] しかし、アウグスティヌス自身この関係を重要視して、とくに考察を加えているわけではない。したがって両者は決して互いに矛盾しないで、思想の発展の中で記述されているものであるが、二つの関係が発展的で動的に立てられており、単に人間の存在が何であるかから、何であるべきかへと進展すると彼は語っている(IX・6・9)。

そこにわたしたちは彼の人間学的自己理解の方向性を見ることができよう。つまり知性的理念による第二の類似像は、理念によって誤りのない認識を行なうのみでなく、同時に精神を真理に向けて本来的存在へ導き、精神を秩序づけるのである。こうして秩序づけられることによって精神は自己自身との関係に「即自的」に、つまりそれ自体的に立つのみならず、永遠者との関係に立つことをとおして、「対自的」に、つまりに自覚的に自己自身との関係の秩序を確立する。したがって第一の類似像は「自己・内・関係」に立ち、第二のそれは「自己・超越・関係」に立っている。あるいは水平な関係と超越的な関係とをもっており[15]、このような自己と永遠者との関係は、信仰にもとづく愛の生命の中で統合される。さて精神はその認識の究極において神の観照にまで至るとき、神の像は神の似姿にまで到達する。「神の全き観照が実現するであろうそのとき、この像において神の似姿が完成するであろう」(同XIV・17・23)と彼は語っている。

(4) 存在・認識・愛の三一構造

精神の認識作用のうちに探求された神の像は別の形で表現すれば存在・認識・愛の三一構造として一般化できるであろう。その中でも最も顕著な点は認識に愛を不可欠の本質として加えたことである。愛なしには精神は知性的理念にも、その統一者なる神へも向くことはできない。いな、信仰によってこの愛が清められ、秩序づけられていないならば、神の観照など思いもよらぬことである。なぜなら信仰による心の清めがなければ、理性は神の観照に向かい得ないからである。「アウグスティヌスが愛を観照における本質的要素として加えたことによって、まさに彼の観照(cotemplatio)の概念を、本質的に純粋な悟性認識にとどまっているギリシア的テオリアから区別している」(シュマウス、前掲書、306頁)といえよう。(24)

元来、アウグスティヌスの哲学は知恵そのものである神に対する愛の他に目的をもっていない(『神の国』Ⅷ・1)。この愛が認識を媒介にして、知恵の対する愛、つまり哲学的思索を展開すが、その際、愛と意志がいつも認識に対し優位をもつと考えられている。また愛は愛の根源にまでさかのぼるため、自己の存在もしくは記憶(意識)に現在する理念を知性によって捉え、理念によって世界と自己との存在の全体を認識し秩序づける。このような愛をもって存在の全体を秩序づけることにより愛の存在論が成立している。

(5) 理性と信仰との関係の最終的結論

理性と信仰の問題を『三位一体』の後半に展開している「神の像」についての議論により考察したのであるが、この像を形成している要素の中でも理性と意志が主体的にいかなる現実状況にあるかの反省をアウグスティヌスは忘れていない。そこで第十四巻は罪によって毀損している神の像がいかに救済され新しくされるかを主として論じ、再び信仰の優位が力説される。[16] 罪による像の損傷は具体的には理性が暗くなり、意志が無力となっていることに示されるが、その場合でも、まず愛の方向転換としての一回的回心と漸進的治癒による健康の回復とが求められ、愛が中心になっている。この回復が日々進むその終極において「顔と顔とを合わせて見る」神の至福直観に至ると説かれた(『三位一体』XIV・17・23)。したがって神を対象とする認識にも信仰の認識と理性による認識との二種類が区別される。この二つの認識の関係によってアウグスティヌスの理性と信仰との関係の最終的結論が見られるであろう。

(6) 人間であるイエスを通して神なるキリストへ

すでに述べたように彼は精神の認識作用の下位と上位の働きに応じて知識と知恵とを区別した。この区別はカント的に言えば悟性と理性の区別に当たる。しかし精神は知識から知恵に導かれるのであるから、理性と知性の区別といってもよいであろう。したがって知識というのは単なる事物の外面的知識ではなくて、「真の祝福に導くもっとも健全な信仰が生まれ育てられ守られ強められるものだけが知識に属する」（同XIV・1・3）とも言われる。だから知識はそのうちに知恵をもつものとして真理を表現しており、とくに神の言葉の受肉は時間のうちへの真理の現われであり、歴史的啓示としての知識にほかならない。信仰の認識はイエスによって啓示された永遠の知恵を対象とするため、時間的なものであるかぎり知識であっても、永遠的な真理に確実に導くものである。それは永遠への必然的導きの星である（同）。こうして、人間であるイエスを通して神なるキリストへとわたしたちは導かれる、と彼は言う（同XIII・19・24）。

終わりに

しかし、信仰の認識は時間上の過ぎ去る事物に関わっているかぎり、永続するものではなく、神の全き観照が成立するときまで続くにすぎない（同XIV・2・4）。永遠不変なのは知恵そのものであり、永続するのは神を観照する知恵の認識である。このように説きながらもアウグスティヌスは「最高の知恵は神であり、神の礼拝が人間の知恵である」と語っている（同XIV・1・1）。彼は精神の三一的類似像全体を神に向け、神の本質である知恵に関与することを神の礼拝（colere Deum）とみなしている。サピエンティアとはクルトゥス・デイであると彼は繰り返し語っている（『三位一体』XIV・1・1、『ヨハネ福音書講解説教』XXVIII・28、『エンキリディオン』1・2）。そうすると神の認識は観照という高次の直観でのみ成立するのではなく、礼拝という行為の中でも実現していることになる。これは観照の至福直観が終末において実現すると考えられたため、そこに至る信仰の歩みの中でも礼拝という形式による神への関与が現実に生じていると説かれるに至った。したがって「記憶・知性・意志によって行なわれる礼拝は、一般に人間精神が神の像であるところの知恵の内実を制限している」と言えるであろう（シュマウス、同305頁）。ここにも認識する人間の現実の存在が反映しており、礼拝という形式で知恵の内実が制限されたのも、現世における神の観照の不可能なことから生じているといえよう。現世では理性による神の観照はただ希望のもとにあり、信仰による神の礼拝こそ「人間の知恵」として強調されている。

このようなアウグスティヌスの思想は彼の思索の根本的方法を示すもので、ギリシア思想とキリスト教の総合をめざしている。このような総合はやがて中世の思想家たちに伝わり、一大文化総合に至るように導いていく。

注

（1）E. Troeltsch,Augustin, die christliche Antike und das Mittelalter, S. 33.

（2）J. Hessen, Augustins Metaphysik der Erkenntnis, S. 53; H. Heimsoeth, Die sechs grossen Themen der abendländischen Metaphysik, S.103. 参照。

（3）Retractationes, I, 3, 2.「しかし、もし創造的理性（ratio faciendi）があったとするならば——実際あったのですが——プラトンはこれを知性的世界（mundus intelligibilis）と呼んだように思われます。」

（4）理性と信仰とに関する優位性の問題をめぐる論争の歴史についてここで述べる必要はないであろう。わが国においてもこのことに関して優れた研究、吉満義彦の「聖アウグスチヌスにおける理性と信仰」（『中世精神史研究』みすず書房、所掲論文）及び長沢信寿『アウグスティーヌス哲学の研究』創文社の第5章に詳しく書かれている。なお最近のものとして泉治典『アウグスティヌスからアンセルムスへ』創文社、第1章があげられる。

（5）W. Kamlah, Christentum und Geschichtlichkeit, S. 213. は権威を説得力とみなす。なお権威(auctoritas)という言葉には、レーヴィットの指摘するごとく、決定的法廷(massgebende Instanz)という意味と、確証の由来をなす創始者（Urheberschaft）という意味の二義がある。権威（auctoritas）とは語源的に auctor たることを言い、権威を説得力とする考えに従えば、権威は信仰を説得し、要請しながら信仰を創始させる。このような権威に諭されて初めて信仰は生起する（K. Löwith, Wissen , Glauben, und Skepsis, S. 23.)

（6）M. Grabmann, Augustins Lehre von Glauben und Wissen und ihr Einfluss auf das mittelalterliche Denken (Grabmann-Mausbach, Aurelius Augustinus), S. 90f.

（7）長沢信寿、前掲書、219－248頁参照。このすぐれた見解も「絶対矛盾的自己同一」という思想がアウグスティヌスに妥当するかどうか検討すべきである。彼が前提している理性と信仰の二律背反的な考え方、してがって絶対矛盾的ということは問題である。

（8）M. de Wulf, History of mediaeval Philosophy, vol. I. p. 83.

（9）W. Link, Das Ringen Luthers um die Freiheit der Theologie von der Philosophie, S. 242.

（10）W. von Loewenich, Menschensein und Christsein bei Augustin.: Höchstmerkwürdig und höchstbezeichnend: Offenbarungsempfang auf Grund vorhergehender Reflexion.

（11）De Trini., XII, 15, 25「永遠的事物の知性的認識が知恵に属し、時間的事物の悟性的認識が知識に属するということが知恵と知識との正しい区別である……」。

（12）W. R. Inge, Christian Mysticism, 1956, p. 51.

（13）この立場に立つ代表的研究は Gangauf, Lehre von Gott dem Dreieinigen bei Augustin であり、彼は神の三位一体的な痕跡（vestigium）を神の創造の秩序に従って、自然、外的人間、内的人間と段階的区分に従って比論となっている点を見ようとする。また特に人間精神の心理学的な側面を全自然から区別して見る立場として M. Schmaus, Die psychologische Trinitätslehre des hl. Augustinus があげられよう。

（14）J. Burnaby, Augustine, Later Works, p. 27f. に簡潔な紹介がある。また高橋亘「三位一体論に於けるImago Dei」（『アウグスチヌスと第十三世紀の思想』所掲論文、創文社、１９８０年）はこの関係を論究した論文である。

（15）これはキルケゴールの「自己」の規定に見られる構造と等しい。『死にいたる病』の自己規定を参照。

（16）アウグスティヌスが神の像を原罪により全く喪失したとするのか単に毀損《きそん》されたに過ぎないとみなすかという問題は不明瞭である。この問題についてM. Schmaus, op. cit., S. 291ff. 参照。わたしは『神の国』第一四巻の原罪論では神の像は道徳的類似を喪失しているが、本質的類似は失っていないという解釈（岩下壮一『神の国』、岩波書店、114頁）が正しく、『三位一体』では本質的あるいは本性的類似性を探求していると思う。

〔談話室〕「サマリアの女」についての説教に見られる「霊と真理」

ヨハネ福音書は共観福音書よりも成立年代が新しく、霊性思想も豊かに展開する。とりわけヨハネ福音書第4章ではイエスがサマリアの女と対話を交わした物語があって、「礼拝する者は霊と真理をもって礼拝しなければならない」（ヨハネ4・24）と語られた。ここに指摘される「霊と真理」の関係についてアウグスティヌスがそれを扱った『ヨハネ福音書講解説教』第15説教でどのように考えたかを問題にしてみたい。

この対話物語を扱ったときアウグスティヌスは「女の五人の夫」を「感覚的な五感」と解釈し、そこに欲望に従う生き方が肉的であるのに対し、この欲望を支配する「知性と精神」が霊に当たると解釈する。ここに展開する霊と肉の二元論はいまだプラトン主義やストア哲学の影響を脱していない。だが、霊の作用には知性的な機能もあって霊が真理の照明を受けて自己認識に達することは認めるべきである。しかしこの講解で「霊」の機能を「知性と精神」（intellectus et mens）と同一視することは不可能であって、この段階では未だ霊の独自な機能の理解にまで到達していないといえよう。彼は「霊と真理」との関係について次のように言う。

このように「霊」が「真理」と一緒に用いられているのは人間の霊が真理の照明によって正しい自己認識に達し、謙虚になって霊の新生を求めるためである。それゆえ聖書は「打ち砕かれた霊」を恩恵を受ける不可欠の前提とみなした。ヨハネによると神から派遣される「真理の霊」は救い主なるイエスを知るように導き、「真理の霊が来ると、あなたがたを導いて真理をことごとく悟らせる」（ヨハネ16・13）。それゆえヨハネによると霊は人に授けられた人を生かす力である。このように神の霊は真理をもって人間を照明し、正しい自己認識に導くと同時に偽りの祭儀・虚偽の宗教・神に敵対する諸々の霊力から人間を解放する（『ヨハネ福音書講解説教』(1) 水落ち健治訳、271頁）。

同様の傾向は『ヨハネ福音書講解説教』第34説教でも展開する。そこには主知主義的な傾向が残存している。

だが、わたしたちは光について語ったのである。それゆえ、続けて探しなさい。というのは、預言者は「あなたのもとに命の泉がある」と言ってから、それに続けて「わたしたちはあなたの光によって光を見るであろう」つまり神から神を、光から光を見るであろう、と付言したからである。この光によって太陽の光は創造されたのである。そして太陽を創造し、その下で神がわたしたちをも創造した光は、わたしたちのために太陽の下に現れたのである。太陽を造った光が太陽の下にわたしたちのために現れたのだとわたしは言う。肉という雲を軽蔑してはならない。雲におおわれるのは、それが暗くされるためではなく、その輝きがやわらげられるためである」（『ヨハネ福音書講解説教』(2) 金子晴勇訳、138―139頁）。

このような「太陽の光」の比喩はプラトンの「善のイデア」が太陽の比喩で語られたことに似ている。しかし全く相違しているのは『ヨハネ福音書講解説教』では「ヨハネは霊感を受けたから語った。もし霊感を受けなかったならば、何も語らなかったに違いない」（前掲書 (1)、12頁）と言って神の言葉を聞いて信じる信仰が強調されている点である。

6　心の機能としての霊性

神の観照よりも霊性の育成

　アウグスティヌスは新プラトン主義を経てキリスト教の救いに到達した。この歩みは彼の神秘主義や霊性にとって重要な意味をもっており、その著作においても次第に神秘的な霊性の思想が成熟するようになった。

　アウグスティヌスが神秘主義者であるか否かについて意見はさまざまであるが、彼が好んで用いた「神の観照」「神の直観」「神の享受」という言葉によって、通常の理性による認識以上のものが表現されていることは確実である。ヨーロッパ思想史でも神秘主義にはさまざまな形態が見られるが、アウグスティヌスに発しドイツ神秘主義に向かう中世キリスト教神秘主義の流れは、信仰の敬虔な生活から生まれ、キリストとの一体感のなかに生き続けて、ヨーロッパ的な霊性を育成してきた。しかし、彼の思想においては中世で説かれた神と魂との「神秘的合一」は、彼の著作の中では暗示的にしか表明されず、むしろ神と人との異質性が強調され、この断絶を克服する「道」がキリストにおいて示される。こうして「神の観照」は将来の究極目標にされ、現在は愛を潔め、意志を強化する恩恵の下での生活が力説された。ここからキリストとの愛の交わりが強調され、前章でも説明したように『ヨハネ福音書講解説教』で次のように説かれる。「それでは神を心から信じるとはどういうことか。それは信じることによって神を愛し、信じることによって尊重し、信じることによって彼のうちに入り行き、その体に合体されることである」(『ヨハネ福音書講解説教』XXIX・6)。この体というのは神秘的な「キリストの体」を指しており、ここにキリストと信徒の魂との信仰による神秘的合一が説かれてきた。こうして「人なるキリストから神なるキリストへ」と向かう超越となる。それゆえ「この人なるキリストから神なるキリストへというアウグスティヌスの命題は、高く聳える灯台のごとくすべての全世紀にキリスト神秘主義が向かうべき、目的への正しい道を示している」(グラープマン)[1]。

そこでアウグスティヌスの神秘的霊性を神の観照や神秘的合一に至る道程として説かれている魂の七段階説と三段階的図式を問題にしてみたい。

アウグスティヌスの初期の著作『魂の偉大』には神の観照に向かう七段階が述べられている。

そこでは、(1)生命現象、(2)感覚、(3)学術、(4)徳、(5)静寂、(6)接近、(7)観照が区別され、魂が観照に向かって超越すべきことが説かれる。同じ初期の著作の中で霊的な発展の七段階は『マニ教を反駁して創世記を論じる』でも述べられている。ここでは七段階が比喩的に解釈されている。同じころに『真の宗教』が書かれ、認識における七つの段階が示されている。最終段階では宗教とは神との結合であると語られる。「彼らの援助によって唯一の神に向かって探求し、わたしたちの魂を唯一者に結びつけて——ここから宗教と言われたと考えられる——わたしたちはあらゆる迷信から遠ざかる」(『真の宗教』55・111)と。しかし、理性の認識作用によって神に向かって上昇する歩みの目的が段階的に把握されており、形態的なものから非形態的なものへと方向付けられた初期の哲学の姿勢が維持されている。さらに『主の山上のことば』と『キリスト教の教え』にも段階的な発展が心理的な要素を加えながら語られているが、それでも初期の著作ではプラトン主義の認識学説が支配的であって、神に向かう段階の理性的な説明が主たる傾向となっていた。だが終わりの二著作に示されているように魂の心理学的分析にとどまらず、そこから離れて心情的な愛の傾向を正しく導く意図をもって神に至る道程が段階的に説かれている。この時期には司祭から司教となっていて、彼は聖書の研究にいっそう努めていることが知られる。

中期の代表作『告白』から『三位一体』で叙述されている神秘的霊性の発展段階に目を向けて

みたい。そこではもはや七つの段階が採用されていないけれども、いっそう簡潔な構成が与えられ、上昇的な超越の歩みは既述のように三段階的な図式を取るようになっている。

はじめに(1) 内面への転向が述べられ、次に(2)「魂の目」によって自己を超えたところに不変の光を見る体験が語られている。さらに(3) 不変の光の照射をうけ、突き放されるという経験が示されている。ここには『真の宗教』で述べられていた三段階の図式が説かれている。

また彼自身の神秘的経験は『告白録』第七巻でプロティノスの書物を読んだときの出来事として叙述されている。そこには次の二つの注目すべき点が認められる。(1) 神秘的脱自の決定的瞬間においても自己省察が続けられ、覚醒した意識の下で思惟が火急的になり、認識が愛と同化している。(2) 神の認識が一瞬のことであり、それに長く耐えられないことから人間存在の有限性とそこから生じうる罪とが自覚されている。したがって神と魂との「神秘的合一」ということはこの経験の中に入ってこない。しかし「魂の目」による光の認識の挫折は、神の側からの声を啓示として聴く「心の耳」に向かわせている。ここにキリスト教に独自な霊的な経験が入ってくる。このことは回心後のオスティアにおける神秘的体験では「拉致」として「ただこの一つの直観に見る者の心が奪われ (rapiat)、吸い込まれて、深い内的歓喜に引き入れられる」と叙述されている (『告白録』IX・10・25)。

このような「拉致」体験は思惟による知的直観が神自身の啓示の声に聞くことによって実現している。それゆえ見るという直観の作用は、なお、依然として、対象との間に主客の距離と分裂を前提している。視覚が遠隔感覚であるのに比して聴覚は近接感覚であって言葉は心に深く浸透する。それゆえ啓示の声を聞く作用は、本質的に受動的もしくは受容的となる。これが生の方向転換たる回心を引き起こしたといえよう。[2]

アウグスティヌスは『創世記逐語注解』の最終巻でパウロの神による「拉致」体験を霊的な経験として解釈しようと努めている。そこでは「あなたの隣人を自分のごとく愛しなさい」(マタイ22・39)という戒めを事例として取り上げ、それとの関連で三種類のヴィジョンについて語っている。[3] ここでは身体的感覚による視像と霊による視像に加えて、第三の愛による視像が区別されている。その際、「霊」(spiritus)という用語はキリスト教的な霊性の意味からはかけ離れており、像を形成したり再生したりする構想力として考えられている。このことはヘーゲルが宗教の立場を絶対知に至る前段階として表象知と規定したのに似ている。これに対して第三の愛の作用には最高の視像が求められ、それは「精神の直視によって」(per contuitum mentis)実現される。そのとき人は何らの模像をもつことなく霊的に愛の意味を捉えている。アウグスティヌスによるとこれが模像を伴わない「顔と顔とを合わせて見る」(Ⅰコリ13・12)直観知(intelligentia)である。

晩年のアウグスティヌスは人間が霊的に誕生しなければならないことを強調した。『神の国』の最終巻ではこれを「霊的な誕生」として次のように語っている。「使徒は、人間が敬虔と義に従ってかたち造られる霊的誕生（institutio spiritualis）を、このような肉的誕生になぞらえて述べている。〈たいせつなのは植える者でもなく、水を注ぐ者でもなくて、成長を与える神である〉（Iコリント3・7）と」（『神の国』XXII・24・2）。このような魂の新生こそキリスト教人間学の核心をなすものであって、人間の自然本性の改造をもたらす。アウグスティヌスはこの観点に基づいて再度七つの段階説を述べる。[4] しかし、彼が強調したのは、真理の認識と善への愛に段階的に昇ることが知恵と諸徳を身に付けて神の至高にして不変なる善を強く欲求することに基づいている点である。これを可能にしてくれるのが「霊的な誕生」に他ならない。そのときの霊の状態を彼は次のように語っている。

もはやどんな悪にも染まらず、これに支配されず、これに屈することなく、戦いがほまれとなる相手も失せて、まったき平和に達した徳のうちに完成するとき（pacatissima virtute perfectus）、人間の霊はいかばかりのものとなろうか。神の知恵が最高の至福を伴ってその源から汲まれるとき（Dei sapientia de ipso suo fonte potabitur, cum summa felicitate）誤謬もなく労苦も伴わない万有の知識は、いかほど大きく、いかほどうるわしく、いかほど確かなことであろうか。身体（corpus）があらゆる点で霊（spiritus）に従い、これに十分養われて他の栄養を少しも必要としないとき、その身体はいかほどすぐれているであろうか。それは肉の実体を持ちながらも肉的な壊敗はまったくなく、魂的ではなくて霊的になるであろう（non animale ,sed spiritale erit）（『神の国』XXII・24・5）。

これがアウグスティヌスの霊性の理解であって、彼は最晩年のペラギウス論争の諸著作でもペラギウスの人間の本性に立脚した自然主義的な道徳哲学と対決して、自然本性の「霊的な誕生」を説いてやまなかった。そこではキリスト教的な基盤に立った絶対的な恩恵が「活動的な恩恵」(gratia operans）や「先行的な恩恵」（gratia praeveniens）として説かれた[5]。

アウグスティヌスの「魂の七段階説」と「三段階の図式」は中世に受け継がれて神秘主義を説くための方法として積極的に採用された。しかし、アウグスティヌスのもとでは神秘主義が説く観照と合一についてはいつも終末論的保留がなされ、希望の下に置かれた。したがってプロティノスの影響によって叙述された神秘主義よりもキリスト教的な霊性の確立のほうに彼の関心は向けられていた。

受容機能と変容機能

アウグスティヌスの倫理思想は「享受と使用」との関連からいっそう具体的に展開する。まず注意すべきことは「享受する」(frui)の概念規定の二重性である。初期の著作『カトリック教会の道徳』(De moribus eccelessiae Catholicae)では次のように定義されている。「事実、わたしたちが享受するといっている言葉の意味は、愛するものを有益に所有することにほかならない」(同書3・4)。さらに「愛するもの」は「最高善」とみなされ、最高善を享受している人が幸福であると説かれた。この定義では「享受」が「使用」をも含めてわたしのために単純に用いるという意味をもっている。しかし、『キリスト教の教え』以来よく用いられている定義では「享受」がある対象に関与する情熱的で主体的な関わりを表わす。

享受とはあるものにひたすらそれ自身のために愛をもってよりすがることである。ところが使用とは、役立つものを、愛するものを獲得するということに関わらせることである。この場合愛するものとは、それに値するものでなければならない(『キリスト教の教え』I・4・4)。

この定義では享受が目的自体に向かう愛として、しかも「愛をもってよりすがる」(amore inhaerere) 運動として規定される。享受は目的自体に向かう愛であって、単に目的に向かうだけではなく「よりすがる」というのは愛の情熱的な本性に由来する。なぜなら「愛とは、愛する人と愛されるものとの二つを一つとし、あるいは一つにしようとする生命でないなら何であろうか」(『三位一体』Ⅷ・10・14)と語られているからである。だが、享受が「あるものにひたすらそれ自身のために」向かうのは、そのものが「他のものとの関係なしに、それ自体でわたしたちを喜ばせる」(『神の国』XI・25)からである。それに対して「あるものを、そのもの以外の他の目的のために用いるとき、わたしたちはそれを〈使用する〉」(同)。つまりウェーバーの社会的行動の類型をここにあてはめるならば、「享受」は「価値合理的」であるのに対し、「使用」は「目的合理的」な傾向をもっている。[6] しかしアウグスティヌスは「享受」と「使用」とを神と世界という二大対象に適応し、そこから善と悪との倫理的な一般規定を引き出している。その規定の中で最も簡潔なものをあげると次のようである。「善人は神を享受するためにこの世を使用するが、悪人はそれとは逆に、この世を享受するために神を使用している」(『神の国』XIX・17)。ここに善と悪との道徳的な一般的規定が確立される。

こうして、この世界自体は神が創造されたもので善であるが、それに主体的に関与する人間の行動は、最高善なる神を享受するために、世界を使用することによってその善性を得ている。つまり神と世界とにかかわる愛が「享受」と「使用」とからなる秩序を保っている場合が善であり、「享受」と「使用」の秩序が転倒するならば悪となる。したがって目的が享受において誤りでなく、手段が使用において適切であるならば善となり、目的の設定に誤まり、手段が誤用されると悪となる。このような享受と使用との秩序を保ちながら愛が神と世界とに関わるとき、具体的行為の善悪は愛の秩序のもとに規定される。

しかし、「享受」と「使用」との関連は単に目的と手段とに還元できない要素が含まれている。それは「神の享受」が究極目的もしくは目的自体であるため、個々の目的の全体を導いており、目的の体系を形成していることに示される。たとえば平和についての思想にそれがよく表われている。アウグスティヌスは愛の秩序を実現し平和を樹立した最高の形態、つまり「もっとも秩序があり、もっとも和合した社会」(ordinatissima et concordissima societas) を天上の平和として次のように述べている。

天上の平和こそ真の平和であって、厳密にはこれのみが理性的被造物の平和、つまり神を享受し神において相互を享受する最も秩序があり、最も和合した社会であって、またそう呼ばれてしかるべきものである。……天の国の生活は社会的であるがゆえに、このような天上の平和を、天の国は寄留している間は信仰においてもち、そして神と隣人のためになす良い行為のすべてを、天上の平和を得ることに関連づけるとき、その信仰によって正しく生きている」（『神の国』XIX・17）。

わたしたちの生活の最高形態は「神を享受し、神において相互に享受する社会」（societas fruendi Deo et invicem in Deo）であると規定される。ここでの「社会」は『結婚の善』では「共同」と訳されていた。共同は「相互に享受する」相互性の中に実現していても、共同体や社会自身を享受するのではなく、あくまでも究極目的たる「神において」それらを享受してはじめて正しく秩序が保たれる。アウグスティヌスはかつて隣人愛を用いて神の愛に至ると説いた、とニーグレンが批判していた。[7] 彼が人間の間の相互的愛を神の愛への一段階と考えていたことは確かにあった。たとえば初期の著作『カトリック教会の道徳』では「人間相互間の愛ほど、神の愛に導く確かな階段というものは何も存在しえない、と信じるほど強い愛の絆が人と人との間には存在しなければならない」（『カトリック教会の道徳』26・48）とある。だが、隣人愛はこの書物でも隣人が最高善である神を獲得するように導くと述べられているのであるから、これを使用して神に向うわけではない。また先のテキストにある「相互に享受する」が「神において」と限定されているのは、『告白』第四巻の友人の死の体験により、友を「神において愛する」ことを学んだことからも明らかである。[8] 実際、この「神における愛」こそ「聖い愛」(caritas) にほかならない。

さらに、先の引用文は「良い行為のすべてを、天上の平和を得ることに関連づけるとき」(cum ad illam pacem adipiscendam refert quiquid bonarum actionum) と述べ、この関連づける作用に信仰の正しい生き方を見いだしている。アウグスティヌスによるとわたしたちの実践のすべては、特定の個別的な対象や実在に向かっていても、それ自体を究極目標とすべきでなく、したがって享受の対象とすべきではなく、神と神において隣人を享受するという究極目標たる天上の平和に至るように関連づけられる。この関連づける作用は、個々の良い行為をして、いっそう高次の目的に結びつけて自らを秩序づける働きではなかろうか。アウグスティヌスが説くこのような目的への関連づける働きの中に、パスカルは精神の合理性を超えた心や愛の秩序を捉えていた。

> 心には心の秩序がある。精神にも、精神の秩序があり、それは原理と証明とによる。心は、それとは別な秩序を持っている。……イエス・キリスト、聖パウロの持っているのは、愛の秩

序であって、精神の秩序ではない。すなわち、かれらは熱を与えようとはしたが、教えようとはしなかった。聖アウグスティヌスも同じである。この秩序は、どちらかといえば、目標に関連のある個々の点にあれこれ目をくばりながら、しかもつねに目標をさし示して行くことを内容とする(パスカル『パンセ』L・298、B・283、田辺保訳)。

アウグスティヌスの説く愛が天上の平和を求めてすべての行為をそれに「関連づける」という秩序の働きを生みだしているように、パスカルにおいても愛の秩序は目標へ向けての行為の機能的関連づけにおかれている。確かに愛は神への愛という遠大な目標に向いながら、同時に現実の隣人を目的とみなす「享受」を生み、すべての行為をこれへの「使用」において関連づけている。こうして秩序自体が人間の行動の連関の中に求められるようになり、新しい秩序の理解が始まっていることが示される。このような愛には神に向かって超越する霊性の作用が認められる。

ここで解明された霊性の機能は超越機能・受容機能・変容機能であるが、さらに創造機能としても考察することができる。それは晩年のペラギウス論争の文書の中で表明される。

注

（1）M.Grabmann, Augustins Lehre von Glauben und Wissen und ihr Einfluss auf das mittelalterliche Denken, in: Aurelius Augustinus hrsg. M.Grabmann und J. Mausbach, 1930, S.93.

（2）この点に関しては金子晴勇『アウグスティヌスの人間学』280―283頁参照。なお、「聞く」作用の意義については U.Duchrow, Sprachverständnis und biblisches Hören bei Augustin, 1965,S. 73-89 を参照。また聴覚の作用に関しては金子晴勇『人間学講義』知泉書館、96―100頁を参照。

（3）De Genesi ad litteram, 12, 6, 15. 三つの種類のヴィジョン（視像）というのは⑴眼を通したヴィジョンで、これによって文字そのものが読まれる。⑵人間の霊を通したヴィジョンで、不在の隣人であっても想起される。⑶精神の直視によるヴィジョンで、これによって愛そのものが理解され洞察される（ロマ1・20）。これら三つのもののうち、第一と第二は日常経験で明らかであるが、「これに対して愛が理解され洞察される第三のものの場合、ものそのものでない、ものに類した模像といった類のものをいっさい持たないある類のものを含んでいる」と語られている。

（4）『神の国』XXII・24・3「こうして神は、⑴人間の魂（anima）に⑵精神（mens）を与えられた。精神を座とする理性と知性（ratio, intelligentia）とは、子どもにあってはまだ眠ったままで、いわばないに等しいのであるが、年齢が進んでくると目ざめ、大きくなって知識と教えとを受け取ることができるようになり、⑶真理の認識（perceptio veritatis）と⑷善への愛（amor boni）をもつようになる。精神はその能力によって(5)知恵（sapientia）を吸収し、(6)諸徳（virtutes）をそなえ、……ただ(7)神の至高にして恒常不変なる善のみを希求すること（desiderio boni summi atque inmutabilis）によってのみ、悪徳に打ち克つのである」

（5）この恩恵概念の発展についてはJ.P.Burns, The Development of Augustine's Doctrine of Operative Grace, 1980の研究を参照。

（6）ヴェーバー『社会学の基本概念』清水幾太郎訳、岩波文庫、39頁。

（7）ニーグレン、『アガペーとエロース』第3巻、岸千年、大内弘助訳、新教出版社、118頁。

（8）彼は親友の死を悲しんだ過去の経験を想起し、「神なるあなたを愛し、あなたにおいて友を、あなたのために敵をも愛する人は幸いである。まことに、失われることのない御者において、万人を愛する人だけが、親しい友を一人も失わないで済む。その失われることのない御者とは、われらの神でなくして誰であろう」（『告白録』Ⅳ・9・14、山田晶訳）と言っている。

［談話室］『説教集』159における「霊的感覚」

アウグスティヌスは『説教集』159において次のように語っている。

神は目に見えないものに似ています。そして、目に見えないものとは、わたしたちにおいてはより善いものです。信仰は肉に比べてより善いもの、信仰は金《きん》に比べてより善いもの、信仰は銀、財産、土地、家族、富裕に比べてより善いものです。これらすべては目に見えるものですが、信仰は目に見えません。では、神は何により似ていると思いますか。目に見えるものですか、それとも目に見えないものですか。……あなたは肉の目を軽蔑して心の目を向けたのです。あなたは肉の目に何をあなたに伝えたのかを尋ねました。〔肉の目は〕こちらは美しく、あれは醜い〔と答えました〕。あなたは肉の目を遠ざけ、その証言を退けました。あなたは心の目を忠実な奴隷と忠実でない奴隷へと向けました。あなたは一方が体が不格好であること、もう一方が美しいことを発見しました。しかし、あなたは判断するだけでなく、こうも言ったのです。「忠実さより美しいものは何か。忠実でないことより不格好なものは何か」と。

ここにある「心の目」というのは「霊的な目」であって、通常の視覚とは異なる霊的な感覚を備えている。この感覚は「内的な感覚」として次のように語られる。

実際、もしあなたが内的な諸感覚をもっているのなら、あらゆる内的感覚は義の喜びによって喜びます。もしあなたが内なる目をもっているなら、義の光を見なさい。「命の泉はあなたにあり、あなたの光において、わたしたちは光を見る」（詩36・10）。この光について詩編は「わたしの目に光を与えてください、死の眠りに就くことのないように」（同13・4）と言っています。また、もしあなたが内なる耳をもっているなら、義〔の言うこと〕を聞きなさい。このような耳を、「聞く耳のある者は聞きなさい」（ルカ8・8）と言われた方は探しておられました。もしあなたが内なる嗅覚をもっているなら、使徒の言うことを聞きなさい。「わたしたちはあらゆる場所で神に献げられるキリストの良い香りです」（Ⅱコリント2・15）。もしあなたが内なる味覚をもっているなら、次のことを聞きなさい。「味わい、見よ、主の甘美なることを」（詩34・9）。もしあなたが内なる触覚をもっているなら、花嫁が花婿について歌っていることを聞きなさい。「あの人の左の腕をわたしの頭の下に伸べ、右の腕でわたしを抱いてくだされればよいのに」（雅

2・6、『パウロの手紙説教』田内千里、上村直樹訳、「アウグスティヌス著作集26」、180頁)。

ここには「内なる感覚」が目・耳・嗅覚・味覚のなかでも語られる。これはオリゲネスの「霊的五感」に等しい。感性には重層構造があって、人間学的な感性・理性・霊性という三つの働きを区別しただけでは認識には役立たない。この三つの働きは実際には影響し合っており、そこには霊的な感覚が認められる。というのもそれらは多様な対象に応じて交互に影響しあっているからである。このことは一般的な言葉の使い方に注目すると明らかになる。たとえば「感性」(Sensibility, Sinnlichkeit) にはいくつかの意味が含まれている。

⑴もっとも一般的なのは「感覚」と等しい意味の層であって、外界の刺激に反応する感受する作用である。ここでは感覚的な知覚作用が考えられており、感覚的な印象の多様さをもたらし、知的な認識に素材を提供する。

⑵次に感性は感覚に伴う感情や衝動といった情念的な要素を含んだ身体的な傾向を意味する。こういう感覚的な欲望に対して理性による秩序づけが問題となり、道徳の問題が提起される。

⑶さらに考えられる意味は「感得」作用である。そこでは「感性」と「霊性」とが関連してい

る。「感得」という言葉は感覚の作用が何者かに感応しながら起こってくるときに使われる。それは「感じて会得する」という理解作用であって、「真理を感得する」と言われるように、容易には捉えられない奥深い道理などを悟り知ることに使われる。

宗教的な真理認識にはこの直観的な感得作用が重要な役割を演じる。たとえば宗教的な建築物を見て「崇高さ」・「尊厳」・「荘厳」といった情緒的な感情を抱く場合にはこうした感得作用が常に伴われている（ボルノウ『気分の本質』藤縄千草訳、筑摩書房、34―36頁参照）。同じく「預覚」(Divination）の働きも感得的な感覚であるが、先見者の行う占いにはこうした感得作用が認められる。たとえば手相を見たり、鳥を焼いたりして運命が感得される。これについてはキケロの古典的作品『卜占術』(De divinatione）が有名で、それは本来は神との交流を意味していたが、迷信的な占いともなった。しかし予言や予感の意味がそこでは重要視される（Cicero, De divinatione : Introduction)。

7　ペラギウス批判と霊性の復権

アウグスティヌスは「恩恵の教師」と称せられるように、ペラギウス派の自然主義と晩年になってから思想上の対決を迫られるようになった。わたしたちは彼の「恩恵」についての教説を通して、彼が霊性の復権を説いている歩みを明らかにしてみたい。

アウグスティヌスの恩恵論

(1)　ペラギウスとその信奉者

ペラギウスは4世紀の中頃、ブリテン（イギリス）のキリスト教徒の家に生まれた。彼は当地で学校教育を受けてから、380年頃ローマにきて法律学を学んだ。当時の慣習にしたがって幼児洗礼は受けていなかったが、ローマで洗礼を受け、キリスト教的な生活にふさわしい義務を真面目に実行した。彼は道徳的にきわめて謹厳であったにしても、極端な禁欲主義者ではなかった。当時の退廃的な風潮に対して批判的であった彼は、一般的に言えば、ローマの信者たちにとって良心のよき指導者であって、厳しいが立派な人物と評価されていた。ペラギウスはローマに滞在している間に数冊の書物を書いた。『三位一体の信仰』三巻、『聖書の選釈』一巻、『聖パウロの手紙注解』がそれで、最後の著作だけがヒエロニュムスの著作に入れられながらも、残っている。この著作は彼の最もすぐれた作であり、信仰義認を説いたところから今日再評価されている。この著作によって彼の名声はにわかに高まった。彼は著作と言論活動によって自己の思想を述べ伝え、当時の頽廃した道徳を批判し、キリスト教信徒の模範的生活を力説し、自らそれを実践した。すなわち現世的栄達の道を捨て、禁欲と自己吟味の生活を開始し、教養ある異教徒のみならず、教会にも多大の影響を与え、多くの信奉者と支持者とをもつに至ったのである。

彼の信奉者のなかにローマで弁護士をしていたカエレスティウスがいた。この人はカムパニアの生まれで、イタリア貴族の出身であった。ペラギウスの影響により彼は現世を捨て、修道の生活を求め、禁欲の生活を守り、ペラギウスの実践活動を鋭い理論をもって裏ずけたため、ペラギウス主義の教説は二人の合作と言われている。

なお、この二人がカルタゴの教会会議で破門になった後、この判決に抗議して立ち上がった人々のなかに、エクラヌムの司教ユリアヌス（Julianus [Eclanum], 380/386–454）がいた。この新たなペラギウス主義者とアウグスティヌスは死に至るまで激しく対決していくことになるが、このユリアヌスの死をもってペラギウス論争は一応終決に達する。

(2) セミ・ペラギウス論争

アウグスティヌスの思想に対してカトリック教会の内部からも反論が起こってきた。こうした批判者たちは原罪とキリストの恩恵による救済の教義を受け入れているがゆえに、決して異端的ではないけれども、信仰の発端に自由意志の働きを認めるペラギウス説に近づいていった。彼らには教父が恩恵を力説するあまり功績を排除しているように感じられ、人間の側の誠実な意欲や司牧の努力が無効となっていると思われた。こうした批判とともに生じる思想はペラギウス説に近づく傾向があるため、セミ（半）・ペラギウス主義と呼ばれた。

アウグスティヌスの手紙（『手紙』194）が、海浜の町ハドルメトゥム（Hadrumetum, 現代のスース）の修道院で大問題となり、何人かの者は、功績をまったく認めない恩恵の思想は意志の自由を廃棄するだけでなく、審判の日に各人がそのわざによって報いられるという信仰箇条に違反する、と批判した。このような問いに答えて書かれたのが『恩恵と自由意志』（426–427年）であり、この修道院の実情をさらに詳しく知った教父は『譴責と恩恵』を前著を補う形で書いた。ところがこの著作が南フランスのマルセイユの修道士や聖職者によって批判されていることを知るに及んで、教父は『聖徒の予定』と『堅忍の賜物』とを著した（428—429年）。これらは教父の死の前年に書かれたもので、完成を見た最後の著作となった。

(3) ペラギウス主義とアウグスティヌスとの思想上の対比

ペラギウスはカトリック教会の公会議によって決定された信条に全面的に従っており、自ら異端者であろうとは欲していなかった。彼は当時の社会の道徳的な刷新を願い、人間の責任の意識を喚起するために自由意志を強調し、実践的生活で禁欲の理想を説いて次のように言う。「道徳的完成は人間にとって可能である、ゆえにそれを義務とすべきである」と。このような道徳説と自由意志の主張は当時では一般に受け入れられていたし、異端視されていなかった。

自由意志の問題　しかし、彼の説がキリスト教の教義の領域にまで広げられていったため、問題を起こすことになった。神は正義の神であり、すべての人を正義によって裁くにしても、人間に不可能なことを求めているのではない。なぜなら神は人間に律法を授け、それを実行し得るように自由意志をも与えているから。ここからカエレスティウスは「もしそうあらねばならないなら、そうあり得る」（『人間の義の完成』3・5）と主張する。これは理想主義の哲学者カントの命題「あなたは為すべきである。それ故に為すことができる」と同様な考えである。しかもペラギウスはこれを神学的に主張し、律法と自由意志の授与は神の恩恵なのであると説いた。

原罪の問題　この種の主張が最初に衝突するのは原罪の教説である。ペラギウスは人祖アダムの罪が遺伝によってすべての人に波及しているという思想を批判する。彼の教えを要約するとこうである。神が人間に他人の罪を帰したり、人が犯した罪を赦すべく備えているといったことは絶対に不可能である。アダムが犯した罪の影響は、多くの人が倣った悪しき模範にすぎない。だからアダムの後の人にも罪のない生活の可能性、つまり「無罪性」は残されている。罪を避けるには何よりも神の律法を厳格に教える必要がある。実際アダムの罪によって失われたのは律法の知識である。イエス・キリストはモーセの律法も実現しえなかったことを完成し、神の真の律法を教え、富を放棄し、純潔な生活を送るように山上の説教で説いている。

これに対しアウグスティヌスの思想的特質は深刻な罪悪観に求められる。彼は自己の内なる罪の量り知れない深淵に目を向け、人間の根源的罪性を追求している。罪とは道徳的退廃や律法違反に先立って神に反逆して自己のみで立とうとする「高ぶり」である。人間は神から自由意志を授けられ、恩恵によって「罪を犯さないことができる」状態にあったのに、神の恩恵を退ける

「高ぶり」のゆえに神から離れ、生活の秩序を失い、邪欲のむさぼりに陥り、律法に違反することが生じる。こうして「罪を犯さざるをえない」状態に追い込まれた。これこそアダムの罪によって生じた結果である。それは人間の自然本性の破壊となっており、知性を暗くする「無知」と意志を脆弱にする「無力」に見られる致命的欠陥である。これらは「罪の罰」に他ならない。とくに神への愛から転落した人間的な愛は邪欲として性的領域で猛威をふるい、人はその奴隷となっている。

二つの恩恵論

このように罪の理解は神の恩恵の解釈の違いとなった。ペラギウスが神の恩恵の下で律法と自由意志を授与した創造者の恩恵を考えていたのに対し、アウグスティヌスは罪から救う救済者なるキリストの恩恵をとらえていた。したがって、前者の理解は自然主義的であり、後者のそれは救済論的である。また前者では恩恵と自由意志とが同一視されているのに対し、後者では罪の支配下にある状態から恩恵によって「自由にされた自由意志」が説かれてた。それゆえ、前者は自由意志の功績から永遠の生命の報酬へと「連続的」に考えていたのに対し、後者はこの連続性を否定している。しかし、自由意志が恩恵によって罪の奴隷状態から解放されると義への愛が生まれ、愛が律法を実現するがゆえに、自由意志の働きは回復されている。

『霊と文字』における生かす霊

アウグスティヌスはこの有名な著作『霊と文字』で「文字は殺し、霊は生かす」というパウロの命題を論述の中心に据えて、パウロのローマの信徒への手紙の中心思想を解説しながら、恩恵の教説を解明する。「文字」と「霊」の対立はオリゲネスが説き、アンブロシウス（Ambrosius, c. 340-397）が継承した、聖書の文字的解釈と比喩的（霊的）解釈の対立を意味するのではない。そうではなくパウロの言葉「文字は殺し、霊は生かす」（IIコリント3・6）に基づく「律法と福音」の関係を言う。したがって「文字」というのはモーセの律法のように為すべきことを命令してもそれを実現する力を与えない「殺す文字」を意味し、「霊」というのは「生命を授ける霊」のことで意志を強め高めて、心に刻まれた神の律法を実現する力を意味する。(1)

アウグスティヌスはこの書物でペラギウスが律法を恩恵のなかに数え入れたのに反対し、アウグスティヌスは内的に生かす聖霊のそそぎを心のなかに受けていないときには、律法が人間を殺す「文字」となると説いた。したがって彼は律法の限界とそれが恩恵に対立することを明確にした上で、律法と恩恵とは、約束とその実現のように、相互に関係づけられる点を力説した。彼はパウロの説く「不敬虔な者を義とする神の恩恵」を弁護し、善い生活が「神のわざ」であることを詳述した。[2] それゆえ律法と自由意志とに立ってペラギウスが善きわざとして人間の倫理的行為を説くのに対決し、アウグスティヌスは「あなたがたのもっているもので受けなかったものがあるか」（Iコリント4・7）というパウロ主義の根本命題に堅く立って恩恵論を展開する。

次にわたしたちはこの人間における神の愛を受容する作用が霊性の働きであることを明らかにしている点を考察してみよう。あることを選択する機能である意志にはこの力があるであろうか。「自由意志」（liberum arbitrium）はもっと厳密に訳すならば、「自由な意志決定」であり、人間の自然的な能力（機能）である。人間は理性によって行なうべきことを判断し、意志にそなわっている「自由決定」の能力によって決断することができる。ところがアウグスティヌスはこの「自由決定」を恩恵によって与えられるものと主張し、罪から解放された「自由な意志」とも語ったので、用語の上で混乱を生じさせている。たとえば次のように言う。

> 確かに、律法は自由な意志決定によるのでないなら、実現されない。しかし、律法により罪の認識が、信仰によって罪に対決する恩恵の獲得が、恩恵によって罪の悪徳からの魂の治癒が、魂の健康によって意志決定の自由が、自由な意志決定によって義に対する愛が、義に対

する愛によって律法の活動が実現される。……同様に自由意志も恩恵によって無効にされるのではなく、かえって確立される(『霊と文字』30・52)。

ここでは「意志決定の自由」(libertas arbitrii)と「自由な意志決定」(liberum arbitrium)とがあたかも同義的であるかのように使用されている。それゆえペラギウス主義との思想的な対立も明確となっていない。しかし、両者を区別するならば、後者は恩恵によって獲得された意志の自由な状態を意味し、前者は人間に自然に備えられている能力(機能)を指すと考えられる。だが、両者を同一視するなら、ペラギウスのように自然的意志と獲得された意志の状態との区別がなされなくなる。これらの明確な区別は「意志決定の自由」の前に「自由とされた」(liberatum)を加えなければならない(『ペラギウス派の二書簡駁論』III・8・14)。一般的に言って古代末期では哲学と神学との区別は、近代以降ほどには厳密ではなかった。アウグスティヌスの場合も両者は截然と区別されていない。アウグスティヌスがこのように考えているのは、生まれながらの能力としての自由意志(自由な意思決定)は罪によって弱められていて、邪欲と罪との奴隷となっていたが、今や恩恵の力によってそこから自由にされると、自由意志の本来の決断力を発揮できるということである。

そこで聖霊によって心に注がれるという「神の愛」について厳密に考察する必要がある。アウグスティヌスによると、神に対する愛が心の中にそそがれると、人は神を愛する者と成っている。同様に神に対する義も授与されると義人と成るのである。なぜなら神の愛は現実に人間を改造し神を愛する者として義人を造りだすからである。律法が文字として外から脅迫し、律法違反者を殺すのに対し、心に神の愛がそそがれると同一の律法が霊的になり、わたしたちを文字から解放し（『霊と文字』14・25）、愛する者に生命を授ける霊となる（同17・29）。この神の愛によって心は内的に成長し、律法を実行するようになる（同16・28、25・42、26・46）。したがってアウグスティヌスは救済を人間が罪から解放されて、現実に義人と成る出来事としてとらえ、律法を実行するまでに成長するものとみなした。

ここに明らかに述べられているように、神の愛が注がれるのは、「心」であるが、それは神への対向性を基本運動としている。この心は同時に霊であり、その作用は霊性を意味する。アウグスティヌスはこのような心は聖霊の働きと一緒に「霊」となって起こっていると考える。ここにはカリタス（聖なる愛）の論理が明瞭に認められる（詳しくは金子晴勇『愛の思想史』知泉書館、51―53頁参照）。

「アウグスティヌスの祈り」――祈りと霊性

アラリックスに率いられた西ゴート族が永遠の都ローマに大きな脅威となってきた409年には、ペラギウスはイタリアを去り、同労者であったカエレスティウスとともにシチリアに渡った。そしてその翌年春には北アフリカに移った。ペラギウスはアウグスティヌスが司教であったヒッポを訪ねた。その当時北アフリカ教会はドナティストとの論争に巻き込まれており、アウグスティヌス自身もヒッポを離れてカルタゴに行っており、ヒッポの町もドナティストとの協議会の準備におわれ、ペラギウスの到着に注意しなかった。[3] その後、彼がペラギウスに会ったのはカルタゴにおいてであった。

ペラギウスはアウグスティヌスから手紙をもらったことがあり、その初期の著作『自由意志』にも共感していた。しかし彼がローマにいたとき、彼の面前であるアウグスティヌスの同僚司教（恐らくはノラの司教パウリヌスであると思われる）がアウグスティヌスの有名な祈り、「あなたの命じるものを与えたまえ、そしてあなたの欲するものを命じたまえ」（Da quod iubes, et iube quod vis）を述べたとき、両者が将来において宿命的な対決に至ることを予感させる出来事が生じた。では、アウグスティヌスのこの祈りにはどのような対立点が含まれていたのか。『告白録』の中で彼は次のように祈っている。

それゆえ、すべての希望はただひたすら、真に偉大なあなたのあわれみにかかっています。御身の命ずるものを与えたまえ。御身の欲することを命じたまえ。御身はつつしみを命じたもう。「もし神がその賜物をくださらないならば、何人もつつしみを保ちえないことを私は知っている。それゆえ、この賜物がだれに由来するかを知ること自体、知恵に属するのだ」と、ある人はいっています。まこと、私たちが、そこから多へ分散していたもとの一なるものへ、集められひきもどされるのはつつしみによります。あなたのゆえに愛するのでない何か他のものをあなたとともに愛する人は、あなたへの愛がそれだけ少なくなります。おお、いつも燃えてけっして消えることのない愛よ。愛よ、わが神よ、われを燃えたたしめたまえ。御身はつつしみを命じたもう。御身の命ずるものを与えたまえ（『告白録』X・29・40、山田 晶訳）。

この言葉を聞いたときのペラギウスの反応についてアウグスティヌスは次のように想起している。

ローマにいたペラギウスは、わたしの同僚の司教であったある兄弟によって、これらの言葉が彼の同席した場で語られた時、彼はこれに我慢できず、かなり激昂してこれに反論し、これを語った人とほとんど喧嘩になるところであった。しかし神がまず命じ、最も肝要なこととして命じたもうのは、神をわたしたちが信じること以外の何であろうか。それゆえ「命じるものを与えたまえ」と神に正しく祈られるなら、この信仰をも神ご自身が与えたもうのである（『堅忍の賜物』20・53）。

これを見るとこの祈りによって意味されている内容が神の賜物としての信仰自体であることが知られる。この信仰の賜物は神の予定という思想へと展開した。というのは彼は続けて次のように述べているから。「神は自分の賜物を誰に与えるかを予知したもうたことは疑いの余地がない。これが聖徒たちの明白で、確実な予定の教えである。……予定の教えが言及されている聖書の箇所を、より豊かに、より明瞭に、擁護に努めるようわたしたちに強いたのは、ペラギウス派の人々が、神の恩恵は、わたしたちの功績に従って与えられる、と主張しているからに他ならない。そしてこのことは、恩恵のまったき否定以外の何であろうか」（同）。これによってペラギウスとの対立点は、信仰自身が神の賜物であり、神の予定に属するということにあって、ここからやがてペラギウス論争が起こったことが分かる（本書82―83頁参照）。

確かに両者の対立は明瞭である。一方は神の恩恵に全面的に依存する「恩恵の教師」であり、他方は精神的な責任を追求していって人間の責任性を問いつづける「道徳の指導者」である。しかし、よく考えてみると、両者はともに道徳的な責任を回避するような人々とつねに接触しており、この点では知的なサークルの指導者であったペラギウスよりも、教区の仕事に追われていたアウグスティヌスの方が現実の深刻な問題に直面していたといえよう。神学者アウグスティヌスも道徳思想家ペラギウスも古代末期の道徳的な退廃に悩まされていた。しかし両者は論争の経過とともに現実問題よりも理論問題に関心が集中し、人間としての責任が問われている現実をともすると忘れがちであった。

もちろん、ペラギウスは『パウロの手紙注解』に示されているように聖書の知識に通暁し、古典作家やキリスト教教父の思想にも親しんでいた。だが、彼は宗教団体に所属した形跡がない。当時一般に支持され、アウグスティヌスも弁論術の学習課程で学んだキケロとストア派の道徳思想をペラギウスは重視し、当時のローマ社会にかなりの勢力を維持していたマニ教の決定論と対決していた。ペラギウスはマニ教の二元論では物質を罪悪視する点と二つの魂を説く思想を批判し、自由意志の力を強調した。したがって意志の自律が彼の思想の核心であった。この点で彼はストア主義に接近しており、神に対して何かを乞い求めて祈ったりしない。もし祈るとしたら、それは神に感謝するためであり、しかも助力を求めるのではなく、自由意志の力によって実現された行為に対する感謝のためである。したがって彼から見るとアウグスティヌスの先の祈りは、道徳的な無力さを示しており、精神的な堕落としか映らなかった。

アウグスティヌスはカルタゴ教会会議でペラギウスと最初に同席することがあったが、望見しただけで互いに語り合う機会はなかった。しかしペラギウスが一般に彼に帰せられている見解を表明しなかったのを知って安心したようである（『ペラギウスの訴訟議事』22・46）。だが、アウグスティヌスは彼が会話の中で幼児洗礼は罪の赦しのためではなく聖化のためだと発言しているのを聞いて驚いたが、それを反駁する機会に恵まれなかった（『罪の報いと恩恵』3・6・22『説教』167参照）。

アウグスティヌスの祈りの解釈　このような基本思想からアウグスティヌスの祈り「あなたの命じるものを与えたまえ」について彼自身が行なっている解釈を検討してみよう。

わざの律法が脅かしながら命じているものを、信仰の法則は信じることによって実現するのである。前者は「むさぼるな」（出エジプト20・17）と告げる。後者は言う、「神が与えたもうのでないなら、何びとも節制を持つことができないのをわたしは知っている。それゆえそれがだれの賜物であるかを知ることも知恵に属していたのであるから、主なる神のみもとに近づき、神に祈願したのである」（知恵の書8・21）。これは敬虔と呼ばれる知恵であり、この敬虔によって、最善の贈物と完全な賜物とのいっさいの源である光の御父が礼拝される。賛美と感謝の捧げ物によって御父は礼拝されるがゆえに、彼を礼拝する者は自分自身にではなく、彼に栄光を帰する。このゆえに、神はわざの律法によって「わたしが命じることを行なえ」と告げる。しかし、わたしたちは信仰の法則によって神に向かい「あなたの命じるものを与えたまえ」と祈るのである。したがって律法が命じるのは、信仰が行なうべきことを告げ知らせるためである。つまり、命じられた者が、もしまだそれを行なうことができないのなら、何を嘆願すべきかを知るためである。だがもし彼がただちに行なうことができ、しかも従順に実行するならば、彼はだれの賜物によって行なうことができるのかをも知るべきである。首尾一貫して徹底的に恩恵を説教しているこの同じ人物は言う、「わたしたちが受けたのは、この世の霊ではなく、神からの霊である。それによって神からわたしたちに賜わったもの〔恩恵〕を知るためである」（Iコリント2・12）と（『霊と文字』13・22）。

アウグスティヌスはわざの律法と信仰の法則をパウロに従って区別し、律法から恩恵への発展の中で彼の祈りを位置づけている。つまり律法を実行できない場合には、自分の無力を知り神に何を嘆願すべきかが、明らかになる。他方、律法を実行している場合は神の恩恵に支えられていることが自覚されているはずである。いずれの場合も神に対し人間は徹底的に依存しており、神が授け、人が受ける授受の関係に立っていることが説かれた。

問題は信仰の態度にかかわっている。信仰はまず律法による罪の認識によって、自己が自律し得ないことを自覚する。こういう自覚は主体的自己認識であって、主体自身の状態の認識から成立している。つまり主体性として自由意志は存在してはいても律法の命令を実行できない無力な存在である。意志は弱いためこれを強める恩恵が聖霊によって心のうちに愛をそそぎ、意志を改造し強化しなければならないことを自覚している。そこで意志は自己ではなく神に向かって信仰により「あなたの命じるものを与えたまえ」と祈らざるを得ないのである。

このように祈っている信仰の中にいかなる主体的な意志が働いているかを次に考察してみなければならない。

神との共同を志向する意志と第二の祈りの意味

先の祈りに続けて「あなたの欲するものを命じたまえ」と第二の祈りが発せられる。それは信仰の中に働いている主体的意志、つまり神律的な意志といえよう。そこで自由意志について再考してみたい。

自由意志に対する基本姿勢は律法と恩恵の関係から導きだされている。「それではわたしたちは自由意志を恩恵により無効にしているのか。断じてそうではない。かえってわたしたちは自由意志を立てるのである。なぜなら、律法が信仰により無効にされず、かえって立てられるように(ローマ3・31)、自由意志も恩恵により同様にされているからである。確かに、律法は自由な意志決定によるのでないなら実現されないのである」(『霊と文字』30・52)。したがってアウグスティヌスは律法と恩恵を分離しないで、恩恵によって律法が立てられるように、人間の自然も恩恵によって破壊されることなく、かえって完成されると主張する。つまり律法は罪の認識に導くが、この認識により信仰が恩恵を求め、恩恵によって癒され、健全な意志となってはじめて、自由意志は義に対する愛をもって律法を実現することができるようになる。そうすると自由意志が罪の奴隷状態から解放されて自由となる救済の出来事がそこに存在することになる。これこそ自由意志の律法から恩恵に向かう歩みであり、内的弁証法を展開させている。彼はこの弁証法をパウロにしたがって「信仰の法則」と呼んでいたのである。

こうして自由は奴隷状態からの解放として恩恵によって授けられる上よりの賜物となり、単なる自由意志という自然的能力とは異なることが知られる。

自由意志というのは自由な決定力である。だから次のように規定されている。「自由な決定力〔自由意志〕というのは創造主によって理性的な魂に生まれながら付与されていて、〔事情に応じて〕あるいは信仰に向けられることも、あるいは不信仰に傾くこともできる中間〔無記〕的な力である」(『霊と文字』33・58)。この自然能力としての自由意志は道徳的責任の主体でもあって、信仰にも不信仰にも自己の態度を決定することができる。しかし、それゆえにまた道徳的責任を問われる審判の対象ともなる。「人々は自由決定の力を正しく使用するか、あるいは悪しく使用するかに応じてもっとも正しく審判されるべきである」(同上)。それゆえ自由意志は決断の仕方によって審判される道徳的責任の主体でもある。しかし、神の恩恵は創造のはじめからこの自由意志が信仰へと決断するように呼びかけ援助の手をさしのべていたのであるから、神の恩恵を退ぞけた行為は罪の罰を受けることになった。原罪は人類にこうして波及するようになったが、それでも神の恩恵は人間が意志し、信じるように外的にも内的にも働きかけている。外的にというのは福音書の奨励や律法の命令〔罪を知らせ恩恵に向ける働き〕を指し、内的にというのは神の呼びかけを指す。

神はこういう方法で理性的魂に働きかけ、魂が神を信じるようになしたもう。なぜなら魂が信じることのできる勧告や召命〔呼びかけ〕がないならば、自由決定の力によって任意のことがらを信じることはできないから。こうして神は人々に働きかけて、まさに信じるように意志させ、その憐れみをすべてのものに先行させたもうことが確かに生じる。しかし、神の召命に同意するか、それともそれに反対するかは、すでに語ったように、意志自身の働きである……魂は賜物をただ同意することによってのみ受けとり、かつ、所有することができる。それゆえ、魂の所有し受容すべきものは神に属しているが、受容することと所有することとは確かに受容する者と所有する者に属している（同書、34・60）。

自由意志は人間の主体性であり、神の恩恵はこの主体性を援けて神を信じるように働きかけているというのがアウグスティヌスの主張である。わたしたちが自由意志と自由との二つの自由について考察された区別と関係とを正しく把握しているならば、アウグスティヌスの祈り「あなたの命じるものを与えたまえ」という祈りとそれに続くもう一つの祈り「あなたの欲するものを命じたまえ」に対する理解が拓かれてくるであろう。すでに論じたように自由は第一に自然的能力としての自由意志において主張されている。自由意志は罪の奴隷状態においても、恩恵を受容するときも、意志の決定力として働いている。そして律法はこれによって実現される。しかし、第二に自由は奴隷状態からの自由として、恩恵によって授与される賜物として理解されている。この賜物としての自由は神の愛が聖霊により心にそそがれて、罪に染まった欲情を追放し、心を清めることによって生じる。こうして自由意志は義への愛に燃え、律法を喜んで実現するに至る。

さて、彼の祈りの第一「あなたの命じるものを与えたまえ」というのは、第二の意味の自由のもとで語られ、神の恩恵によって神の命じるものを実行する存在が授与されることを祈り求めている。したがって当為の前に存在が要請されているといえよう。よく例として用いられている節制も、節制を神から授与されてはじめて実行し得るのである。節制の命令は当為であるが、当為を実現する力が欠けているならば、その命令は外から脅かす文字となる。しかし、当為を実現する力が神の聖霊によって心にそそがれていると、神の愛に燃え立って喜んで当為は実現される。当為はもはや文字ではなく霊となっている。このように神から当為実現の力を存在として授与された者は当然のことながら内に燃える義への愛によっておのずと愛のわざに励むのである。

ここから第二の祈り「あなたの欲するものを命じたまえ」が発せられる。神の霊に生かされている人は神の意志に一致して生きることを欲する。新しい存在から生じる行為はますます神の意志に深くかかわり、神との意志による共同の生を願い求めるであろう。この意志は単なる律法主義的他律（Heteronomie）ではなく、神の意志を歓んで欲する意志の協働に立つ神律（Theonomie）であるとみなすべきであろう。したがって神の律法を喜ぶという態度からこの祈りは発している。すなわち、「もし〈愛によって働く信仰〉が現存するならば、内的人間にしたがって神の律法を喜ぶことがはじまる」（『霊と文字』14・25）と語られている新しい存在、つまり自由からの当然の帰結である。

アウグスティヌスは聖書の比喩的象徴的解釈をアンブロシウスから青年時代に学び、オリゲネスの方法にも習熟しているが、晩年に至りペラギウス派との論争において「文字は人を殺し、霊は人を生かす」（IIコリント3・6）というパウロの言葉を比喩的に解釈すべきでなく、むしろ字義的にとらえ、それが「律法と福音」を指していると解釈し、「文字と霊」という観点からパウロ思想の全体を新しく解釈するにいたった。これを行なったのが彼の『霊と文字』という書物にほかならない。この新しい解釈に関して彼は次のように語っている。

純潔にかつ正しく生活するようにという戒めをわたしたちに命じる教えは、もしそこに生かす聖霊が現臨していないならば、明らかに殺す文字である。なぜなら「文字は殺し、霊は生かす」と聖書に記されていることは、なにか比喩的に書かれたもののようにのみ理解されてはならないのであって、もし字義的に、語られたままに受けとらないならば、その言葉の元来の意味が無意味なものとなるから。しかしわたしたちはそれがもっている他の〔霊的〕意味に目を向け、霊的な叡知によって内的人間が養い育てられていると理解したい。というのは聖書が「肉にしたがう想いは死であり、霊にしたがう想いは生命と平安である」（ロマ書8・6）と語っているからである（『霊と文字』4・6）。

アウグスティヌスは「文字と霊」をまず字義的にここでは理解しなければならないとして、比喩的解釈を退ける。こうした上でもう一つ別次元の「霊と肉」という観点からの解釈を認めている。もしこれがないならば「雅歌」の肉的表現が霊的意味を喪失するからである。こうしてこの書物では「文字と霊」は「字義的と比喩的」という対比によるのではなく、全体が字義的に、言葉どおりに把捉され、文字は「律法」の言葉として、霊は「福音」の恵みとして理解され、「律法と福音」というパウロの教義学の根本概念から論じられている。

次にわたしたちは彼のこのような解釈法とこの著作の根本思想との関連について考えてみな

ければならない。この『霊と文字』という著作はペラギウス批判を意図しており、ペラギウスの説く主張に対して聖霊の賜物が救いに不可欠であることを論証しているが、この聖霊の救いという働きを明らかにするために「文字と霊」の主題が選ばれたのである。というのはペラギウスが神の恩恵の下に自由意志と戒めの賦与とを説いている（同2・4）のに対し、アウグスティヌスは聖霊の働きを強調し、これなしには自由意志は無力であり、戒めは「殺す文字」となるからである。「この恩恵の御霊の援助がないならば、あの教え〔律法と戒め〕は殺す文字である。なぜなら、それは不敬虔な者を義とするよりも、律法違反の罪責を告発するからである」（同12・20）。このように同じ律法が御霊の援助を受けている者にとっては、その人を生かすが、御霊を受けていない、自然のままの人に対しては罪を認識させ、その罪責を告発するものとなる。

このように聖霊によって心が霊化されるとき、わたしたちの心は霊としての力を発揮するようになる。それと同時に心は神の愛を実現する実践的主体ともなっている。

注

（1）この書名『霊と文字』は一般的には聖書解釈の方法として彼がアンブロシウスから学んだ霊的な象徴的な解釈を想起させるが、この著作の改訂版を編集したブライトによると、それは『告白録』に次いで神と人との関係の「豊かで、深淵的な、愛情に満ちた精神」を表明している（Bright, Anti-Peragian Treatises, p. 21)。

（2）「わたしはこの書物において、神がわたしを助けてくださるかぎり、不敬虔な者たちを義とする神の恩恵に敵対する人々を厳しく論駁した」（『再考録』II・37）を参照。

（3）ペラギウスがドナティスト運動の渦中にヒッポを訪れたのは大きな論争を生み出す象徴となった。というのは一見すると何の関係もないように思われるが、後述するように両者は「シミも皺もない」純粋な聖徒の集いとして教会を考えている点で一致していた。教会は完全な人々の団体であって、罪人の集いではなかった。それに対しアウグスティヌスは『神の国』で教会を「毒麦がともに育つ畑」として説いていたが、彼らは「聖徒の集団」と見なした。彼はパウロのように「律法の義に関しては非の打ち所がなかった」が、それは単なる「外的な義」で「塵芥」に過ぎないと考えた。また彼らは洗礼問題でともにアウグスティヌスと対決したことでもよく似ていた。

［談話室］　自由の三段階の発展

意思を規定する「自由意志」と「意志の自由」は第7章で指摘したようにアウグスティヌスによって、最初は十分に区別されていなかったが、厳密に区別されるようになった。こうして実は自由意志の自由がいっそう大きくなった。

というのも自然本性的な自由は神との関係の中で自由を拡大させたからである。アウグスティヌスは言う、「自由意志は健全になるにつれて、いっそう自由になるであろう。しかし、自由意志は神の憐れみと恩恵に服することに応じていっそう自由となるであろう」（『手紙』157・2・8）と。この自由の状態を彼は「自由とされた自由意志」（liberum arbitrium liberatum）と言う。自由意志は本性的な機能としては「生まれながらの属性」（naturaliter attributum）であるが、堕罪後は神の助けがなければ罪を犯さざるをえないような「拘束された自由意志」となっていた。この「拘束された自由意志は単に罪を犯すことができるだけである。神によって自由とされ、支えられていなければ義をなしえない」（『ペラギウス派の2書簡駁論』Ⅲ・8・24）。こうして自由は三段階の発展を経験する。

この三段階説はもっともよく知られた図式では、⑴無垢の状態「罪を犯さないことができる」(posse non peccare)、⑵罪の奴隷状態「罪を犯さざるを得ない」(non posse non peccare)、⑶キリストによる新生「罪を犯すことができない」(non posse peccare) から成立している。まず創造における人間の本来的存在と罪による人間の堕落した非本来的存在とが対比的に論じられ、さらにキリストを第二のアダムとみて人間の存在が回復される。なかでも罪による本性の破壊は、かえってその偉大さを証明すると次のように説かれた。「その欠陥自体は自然本性がいかに偉大であり、いかに称賛に値するかの証明である」(『神の国』XII・1・3)。

だが、アウグスティヌスはこのような恩恵の絶対性に立っていても自由意志を否定しているのではなく、かえって確立していることを「協働的恩恵」の主張によって説く。彼はまず活動的恩恵から語りはじめる。神の恩恵は常に善であり、悪い意志の人を善い意志の人に改造し、さらに「小さく弱い意志」から「大きく強い意志」に成長させ、神の律法を実現させるように働く(『恩恵と自由意志』15・31)。こうして自由意志は罪の下にある不自由の奴隷状態から解放され、恩恵によって自由は増大してゆくのである。

わたしたちが行なうとき、行なっているのは確かにわたしたちである。しかしわたしたちの意志に対しきわめて有効な力を与えて、わたしたちが行ないうるようにするのは神である。……神がわたしたちの行なうという事態を起こしたもう。つまりわたしたちをして行なわしめたもう（同16・32）。

このようなわたしたちの行為の実質について彼は活動的恩恵と協働的恩恵との区別によって説明し、神の恩恵はまず「わたしたちなしに」（sine nobis）意志に働きかけ、わたしたちが意志しはじめると「わたしたちと共に」（nobiscum）協働して完成に導くが、「恩恵なしには」（sine gratia）人間は何事もなすことができない、と説いた。「というのは、神ご自身が、開始するに当たってわたしたちが意志するように働きかけ、完成に当たってわたしたちの意志と協働したもうから」（同17・33）。恩恵のはじめの働きは「活動的恩恵」（gratia operans）と呼ばれ、後のは「協働的恩恵」（gratia co-operans）と呼ばれる。

8　原罪と予定の問題

ペラギウスの論争は原罪を認めなかった点が最大の問題点となった。これにエクラヌムの司教ユリアヌスが批判者として加わり、原罪のみならず、性愛が大問題に発展し、さらに予定の問題となっていった。わたしたちはこれらの難問にアウグスティヌスがどのように対処したかを考察してみたい。

「ヨーロッパの最大の天才で最も影響力のあった教会教師は恩恵論の創始者であったばかりか、ヨーロッパの原罪神学の開祖でもあった」[1]。この原罪の問題は解きがたい難題として今日に至るまで論争の主題となっている。それがどのようにアウグスティヌスにおいて開始したかを考察する意義は大きい。

ペラギウスの恩恵論が教会によって問題視された究極の根拠はアウグスティヌスが説いたような原罪説をペラギウスが認めなかったことに求められる。意志が何らの拘束もなく道徳的な責務を果たしうると考えられたがゆえに、アダムの罪が後代に影響を残すとは思われなかった。とくにカエレスティウスとユリアヌスはその思想の性格が本質的に自然主義的であり、知的であった。そこには神秘的な感覚が欠如し、心や霊について無視し、徹底的に合理主義的であった。

ペラギウスによるとアダムは死すべき者で、罪を犯さなくとも死んだであろう、さもなければ「産めよ、増えよ」という言葉が無意義となる（『罪の報いと赦し』I・2・2）。したがってアダムの罪は彼自身を害したのであって子孫には影響なく、幼児は堕罪以前のアダムと同じ状態で生まれる（『訴訟』11・23、24）。それゆえ、キリスト以前でも正しい人はいた。そのリストが挙げられる（『自然と恩恵』36・42）。有徳な異教徒の例も挙げられる（「デメトリアスの手紙」、ミーニュ編『ラテン教父著作集』第3巻、1101頁）。罪は実行罪という行為であって実体ではない。非実体的なものは名前だけであって、本性を弱めたり変えたりできない（『自然と恩恵』19・21）。このような自然主義の神学に立つ論理は後には恩恵を認めたりして首尾一貫しなかった（『キリストの恩恵と原罪』I・10・11）。もちろんペラギウスは精神の暗黒化を認めた（ペラギウス前掲著作集、1104−1105頁）。それゆえペラギウス派は「習慣の必然性」（necessitas consuetudinis）によって原罪に代わる心理的な代替物を見いだした（『未完書』IV・103）。暗くなった心には錆を取り除くために「律法のヤスリ」が必要である。キリストの恩恵は暗い心を照明し、何をなすべきかを告げた。だが、人間の意志にはひとたび道さえ示されれば、働くに十分であった。

楽園の神話や堕罪物語に対するペラギウスの解釈は合理的で啓蒙的である。彼からみるとアウグスティヌスの解釈はばかげている。たとえば楽園のアダムは堕罪後の子孫よりも高い状況に置かれていたという彼の解釈は拒否された。楽園についてのアウグスティヌスの考えでは動物的な身体も罪を犯さなければ、霊的状態に変化する（詳しくは『罪の報いと赦し』I・2・2、『創世記逐語注解』VI・25・26、『神の国』XIV・26を参照）。彼はアダムが動物を名付けたのであるから、知的才能も高かったとも言う（『未完書』V・1）。これはピュタゴラスの考えによる。また楽園での戒めがただ一つだけであったがゆえに、アダムは知的にも進んでおり、自由意志とそれを支える援助の恩恵をももっていた。「それゆえ人は楽園で意のままに生きた」（『神の国』XIV・15、XIII・14、XIV・11、なお『エンキリディオン』XXVII・104）。さらに堕罪は無から造られたことに由来する罪の可能性によって説明された。それは徹底された弱さの事実に求められた（『未完書』V・39、『自由意志』III・1・2）。堕罪の結果としては死（身体的死と魂の死）が正当な罰として加えられた。また人間の能力のすべてが劣化し、暗黒化が生じた。病気にかかりやすくなり、身体のコントロールを失った（『人の義』2・3）。また「神の像」に毀損が生じた（『霊と文字』28・48）とも言われる。あるいは理性の光は少し残った（『神の国』XXII・24）とも言われる。(2)

アウグスティヌスは原罪が堕罪後には人類の全体に致命的な影響を及ぼした、と考え、原罪によって傷つけられた本性がアダムの子孫に波及していると主張する。その際、彼は人類を一つの固まった集団（massa）とみなした。こうした原罪は何かと問われると、それはわたしたちの理解を超えた秘儀に属しているとも言われた（『カトリック教会の道徳』I・22・40）。

それでも古代社会ではアダムの子孫への罪の影響は伝統的には(1)伝播説（traducianism）と(2)創造説（creationism）があって、前者は魂も身体と同じく両親から引き継がれると主張し、後者は個々の魂は絶えず神によって創造されると説いていた。これら二つの仮説はアウグスティヌスによって退けられたが、それでも『未完書』に至るまでこれらは論じ続けられた（同II・177－181）。さらに(3)堕落説がプラトン主義の先在説によって説かれていた。これに対し彼には先在した魂が身体を支配するように派遣されたと主張する「派遣説」も想定されていたと思われる。[3] 彼はこれを教説として確定する準備がなかったし、危険な論敵につけ込む機会を与えないように慎重に対処せざるをえなかった。

それでも、彼は最初の罪が高ぶりや神からの離反という魂の罪であることを確信していた。魂が罪に転落していることは絶えず説かれたが、アダムと同様にわたしたちは罪責を負っており、魂は非物質的であって、身体に還元できないとみなされていた。これらの点が伝播説か創造説かに結びつくとしたら彼によって受容されたであろう。だが、彼はどちらとの結合が安全であるか結論をくだすことができなかった。もちろん、霊的な伝播説が可能ならば良いのであるが、伝播説は一般的に魂も身体のように遺伝すると考えられていた。アウグスティヌスは、原罪が性欲（libido）とともに、とくに自律的な営為や生殖器の感覚を伴って、転移すると考えていた。つまり「肉の情欲」（concupiscentia carnis）によって子どもが生まれ（『結婚と情欲』Ⅰ・24・27）、それは霊に対する肉の反逆であることの象徴となっていると考えた（『ユリアヌス駁論』Ⅳ・4・34－38・44）。

このことは当時の一般的な思想傾向を参照して言うならば三つの観点から考えられる。

(1) 医学的側面――病気の遺伝によって人間性が脆弱になっている。霊的な病気には神の医者が必要である。東方教会の理解に近い。

(2) 法律的な観点――アダムは罪によって全人類が堕落するように巻き込んだので、人類はその罪過を分有している。西方教会で有力な見方である。[4]

(3) 両者の混合形態――原罪は遺産として受け継いだ病気であり、罪過である。この見方は旧約聖書にある「父祖の罪を子孫に三代四世代までも問う」（出エジプト20・5）という視点からユダヤ人にはわかりやすい。この解釈をアウグスティヌスは採用している。

彼の思想を要約すると「原罪は病気であり、犯罪である。わたしたちはすべてアダムにおいて罪を犯した。そして罪責と堕罪の罰を分有している」ということになる。だが、どのようにわたしたちはアダムにおいて罪を犯すというのか。それは人類の一体性に基づいて説明される。「わたしたちがあの一人の人であったとき、わたしたちはすべてその一人の人のもとにあった」(Omnes enim fuimus in illo uno, quando omnes ille unus.『神の国』XIII・14)と。彼の説は人類とアダムとの種子的な一体性に基づいている。堕罪のときに先祖の腰の中に将来の世代は現存し、全人類は神秘的な仕方で罪を分有しており、その当然受けるべき罰を引き寄せている。

だが、アダムの身体に潜在的にあった種子はどのようにして他人の責任となったのか。これはローマの信徒への手紙5章12節の解釈問題である。そこにあるラテン文 in quo omnes peccaverunt. をアウグスティヌスは「その人のもとですべての人は罪を犯した」と読んだ。しかし、ギリシア語本文ではそういう意味にはならない。ギリシア語のエン・クオはラテン語の sic「このように」に相当するが、古ラテン訳(キタラ)やヴルガタでは in quo と訳されていた。これに基づいてアウグスティヌスは「その人のもとで」と訳し、これを典拠としてアダムの原罪が主張された。だが、それはギリシア語では理由や条件を意味し、ラテン文でも条件の意味で用いられたが、厳密には現行の邦訳にあるように「すべての人が罪を犯したので」と訳すべきであった。

ペラギウス派は正しく quia とか propter quod として理解していたが、ペラギウス自身は『ローマ書の注解』では in quo と読んでいる。[5] その意味はアダムの子孫はアダムのように罪を犯したなら、死ぬという理解である。その意味が霊的な死を言っているなら、著者不詳の注解書であるアンブロシアステルと似ていなくはない。というのは後者が in quo をアダムのもとですべての人が「固まりのように」なって罪を犯したといっても、それは身体的な死の意味であって、霊的な死はアダムのように罪を犯した結果であると考えていたからである。[6]

アウグスティヌスは自説に没頭していてテキストを批判的に対処することができなかった。この点はヒエロニュムスのブルガタでも変更されていない。こうして可能態にあった種子の存在が道徳的責任性に影響したかどうかが無視されてしまった。そこから原罪は神が罪の報いを三、四世代に及ぼすという復讐の観念に結びつけられた。

アウグスティヌスは自説が正しいことを疑わなかった。それは「恩恵が自由意志に打ち克った」という彼の救済経験に由来する確信であった。[7] テキストが正しくなくとも、自説を曲げなかったからには、彼の思想は聖書の一語にすべて基づいていたのではなかった。したがって人間における「根源的な罪責」(originalis reatus)・「悪徳」(vitium)・「病」(morbus)・「傷」(vulnus)が原罪の姉妹概念として用いられた。[8] それらが人間性の弱さをもたらし、情欲と呼ばれた人間性の要素が問題視された。

楽園の生活は完全な健康と情念からの自由を享受していた。理性と意志は身体を完全に支配したが、この状態をアダムは自力で保っていたのではなく、神の助けによってこの支配に服従していた。それゆえ神への不服従が身体の統制（コントロール）を必然的に喪失させた（『神の国』XIV、15）。この喪失は性生活においてとくに明らかである。性欲は人間の意志の支配下に直接にはない特質をもっている。そのために羞恥心が堕罪後に生じた。眼が開けて裸に気づいた（『罪の報いと』I・16・21）。この性欲に対する統制の喪失は不従順に対する罰であると考えられた。(9)

情欲をめぐる論争

アウグスティヌスの大作『ユリアヌス駁論』の内容を検討してみると、わたしたちは彼のもとでは情欲が原罪として説かれていることを見い出す。それに対してユリアヌス自身は性欲や欲望を自然本性として肯定していた。わたしたちはアウグスティヌスを正しく理解するためには彼の生活体験にまで遡ってこの点を解明する必要がある。

(1) アウグスティヌスの青年時代における性体験と情欲の理解

青年時代の放縦な生活は16歳のときカルタゴに遊学したときにはじまる。ある女性と同棲したのを見てもわかるように、彼は非常に早熟であったが、このことは当時の北アフリカ社会の享楽的傾向からして、とくに非難すべきものではないように思われる。『告白録』第3巻の冒頭には彼の心の状態が次のように描かれている。「わたしはカルタゴにきた。するとまわりのいたるところに、醜い情事のサルタゴ（大鍋）がぶつぶつと音をたてていました。わたしはまだ恋をしていませんでしたが、恋を恋していました。……〈恋し恋される〉ということは、恋する者のからだをも享受しえた場合、いっそう甘美でした。それゆえわたしは友情の泉を汚れた肉欲で汚し、その輝きを情欲の地獄の闇でくもらせてしまいました。……ついにわたしは、自分からひっかかりたいと熱望していた情事におちいりました」（『告白録』Ⅲ・1・1、山田 晶訳）。

アウグスティヌスはカルタゴで出会った多くの若い人たちと同じように、恋愛から愛欲生活に入って行ったようである。しかもそれが自然の成り行きのように述べられている。ところで『告白録』の読者が知っているように、相手の女性は名も知らされていないほど身分が違っており、正式の結婚もできなかったとはいえ、品性と道徳において彼に優っていた。彼の弱点の最大のものは性の問題であり、これが知恵の探求を妨げ、回心のとき最大の敵であった。ここで語られているもう一つ重要な点は、肉欲と情欲が友情の泉を汚したということである。彼は「恋し恋される」恋愛の相互受容が人間的な間柄の美と晴朗とをもたらしている事実を知っている。それは友情の泉から湧き出るものでなければならない。それなのに「恋する者のからだを享受する」愛欲に移りゆくと、肉体関係が暗い情欲によって曇らされてしまう。友情は心と心との交わりで成立するが、彼はこれにとどまりえないことから、暗い欲望の生活に導かれた。「わたしをよろこばせたのは、『恋し恋される』、ただそれだけでした。けれどもわたしは、明るい友情の範囲内に、心から心への節度を保つことができず、泥のような肉欲と泡だつ青春からたちこめた霧で、心はぼやけてうすぐらく、ついには、はれやかな愛と暗い情欲との区別がつかなくなってしまいました。この二つが混合してわきたち、弱年のわたしをひきさらって、欲望の淵につき落とし、醜行の泥沼の中に沈めていったのです」(同II・2・2)。

アウグスティヌスは明るい愛と暗い情欲との双方を経験から知っていたが、キケロの哲学にふれることにより、この双方の愛が内心において分裂し、知恵への愛に対する妨害として肉欲が働きかけることになる。彼はこの明るい愛と暗い情欲の対立による葛藤を経験する。しかし、肉欲の方がつねに知恵への愛をさまたげたため、激しい内心の分裂を引き起こすことになった。この愛の分裂による苦悩を鎮めるためマニ教に向かうことになる。こうして始まった精神的遍歴のすえキリスト教信仰によって救済に達するのであるが、18年間にわたる生活のなかでの性生活の絆が彼にとり最後の、そして最も手ごわい敵であった。[10] 彼の回心はこの古い生活の絆を断ち切って、まったく新しくされることで実現したのである。

救済の経験がその中心において性の問題であったことを知ってはじめて、わたしたちは彼の性に対する態度を理解することができる。それこそ情欲であって、「わたしをかたく縛り付けていた肉欲の絆」（同VIII・6・13）と言われる。しかもわたしたちが接するアウグスティヌスはヒッポの司教にして当時の教会を代表する神学者であるが、彼は自己の経験から結婚と性生活についての思想を述べているのであって、単に聖書のことばを反復しているのではない。ここには思想が深刻な生活体験から深められていることが推察されるが、同時に思想の方向が間違っている点もあるといえよう。

(2) 結婚と性生活について

『結婚の善』がこの点をきわめて明確に論じている。そこでは「結婚の三つの善」が説かれた。この結婚の三つの善という考えは『結婚と情欲』その他のペラギウス派駁論書に反復して説かれている。

結婚の第一の善は子供である。その第二の善は信義である。結婚は男女の全人格的交わりという共同の実現にあり、社会的共同の自覚がむらっ気な快楽と狂暴な情欲を抑止し、究極の愛の姿である「愛の秩序」を確立する。そこには単なる身体的結合にとどまらない人格の共同があり、自然的情念から解放された愛の徳性がみられる。それが信義である。結婚の第三の善は神聖なサクラメント(見える神の賜物)である点に存在する。これはキリスト者にとって結婚の最高価値となっている。[11]

結婚の三つの善は男女の共同に由来するもので、自然(身体)的交わりから生じる子供、社会的交わりから生じる信義、霊的交わりの表現としてのサクラメントでもって説かれた。この結婚の善も現実には情欲の支配下におかれ、情欲は道理や理性に従うことなく、人間の人格関係を破壊し、神によって定められた愛の秩序をふみにじっている。この情欲の支配は原罪の結果であって、その原因ではない。次に原罪と性欲との関連について考察してみよう。

アウグスティヌスの性に関する最大の問題点は性的行為を通してアダムの犯した罪が人類に伝わり、原罪として波及しているという教説である。この教説はペラギウス論争の中でとくに表明されるようになったが、すでに中期の代表作『告白録』の後半部分から自覚されるようになった。そこには人間の欲性がさまざまな欲望のもとで反省され、とくに情欲の克服しがたい苦悩が告白されている。この情欲はパウロ思想に従って「むさぼり」として理解されるが、性の領域における「むさぼり」こそ「肉欲」として優勢であることを彼は論じるようになった。アダムの罪はもちろん神の戒めに従わず、神に反逆し自己にのみ立とうとする高ぶり、つまり高慢によって犯されたが、その結果、意志は正しい方向を失い、罪を犯さざるをえない必然性の下に立つに至った。これこそ罪が生んだ結果であり、人間の自然本性の破壊となって人類に波及した原罪の事実である。

(3) 原罪と情欲との関連

アダムの罪の結果である原罪は、人間の自然本性の破壊となり、「無知」と「無力」として明らかになっている。前者は知性を暗くし、何をなすべきかを知らないことを指し、後者は戒めを実現することができない意志の弱さを意味する。原罪はこのような罪の罰となっており、同時にそれは神の審判なのであり、神を求める方向から転落した罪深い愛、したがって邪欲となって現われる。邪欲というのは性的なものにかぎらず、広く道徳一般の領域にわたっている。それは転倒した無秩序の愛であり、神を使用してまでも自己を享受しようとする。しかし邪欲は性の領域で肉欲として強力に支配し、人間をその奴隷にしている。これは克服しがたい罪性である。

こうして肉欲は「罪の娘」から「罪の母」にまでなり、原罪を遺伝させているとも考えられた。「肉欲はいわば罪の娘である。しかし恥ずべき行為を犯すことにそれが同意するときにはいつでも、多くの罪の母ともなっている」(『結婚と情欲』I・24・27)。だからキリスト信徒の両親から生まれた子供といえども、罪から洗い清める洗礼のサクラメントが必要である。

ペラギウスは原罪の遺伝説について批判し、原罪というのはアダムが示し、多くの人たちが倣った悪しき先例にすぎない。だからアダムの堕罪以後も罪を犯さない生活は可能であると言う。したがってアダムとの関連は模倣という精神的行為であって、アウグスティヌスのいうような生物学的感染や遺伝なのではないと批判した。これに対しアウグスティヌスは結婚の善をくり返し主張して答えているが、そこで力説されているのは、子供を生むこと自体は罪ではないにしても、性欲にもとづかなければ子供は生まれないから、肉欲なしに生殖行為が実現されないということである。性欲(リビドー)は「身体の恥部を刺激する欲情」を意味し、「魂の欲性を肉の求めと結びつけ混合して人間全体を動かす」(『神の国』XIV・16)。彼はこういう欲情なしに子を生むことを理想としている。あたかも無性の超人を志向しているようにみえる。

このような原罪説は必然的に遺伝説を伴っていた。四肢の不服従と羞恥心とは罪の現われと結果である。こうして堕罪から性の中に一つの要素が発生してきた。それが情欲もしくは快楽であ

る。この情欲が合法的な結婚の中にも存在するというのは、今日理解できない困難さとなってい
る。なにゆえに快楽のなかで特殊な快楽だけが叱責されるのか。これに対しアウグスティヌスは
『神の国』で答え、次のように主張する。

このように多くのものについて欲情があるが、この語、単独で用いられ、何についてのそれと言われない場合、身体の恥部を刺激する欲情（性欲）を意味すると思わない人はほとんどいないであろう。この欲情は身体の全体に対して外側からも内側からも力を加え、霊魂の情念を肉の求めに結び付け混合させて人間全体を動かすのである。その結果、身体の快の中でもそれ以上に強いもののない快が生じ、それが頂点に達した瞬間には、思考活動の尖端といわば番兵とは、ほとんどが隠れてしまうことになる。しかし結婚していても、使徒が勧めるように、〈注意して自分の身体を聖く尊く保ち、神を知らない異邦人のように快楽の病に陥ることなく〉（Ⅰテサロニケ4・4―5）、もしできればこのような欲情なしに子を産もうとする者は、知恵と聖い喜びの友となるであろう。彼は子孫をもたらす義務をはたすにあたって、この目的のために造られた肢体を、他のそれぞれの目的のために配置された肢体と同様、燃えさかる欲情の刺激の下に放置せず、意志の指図の下に働かせて、自らの精神に仕えさせるのであ

る。とはいえ、この快楽を追求する者でさえ、結婚の床においても不正な恥ずべき行為においても、意のままに自分を動かすことはできない。すなわち、求めていない時に欲情が吹き出したり、渇望している者を見捨てたりして、心は燃えても身体は冷えるということになる。このようにして欲情は奇怪にも、子を得ようとする者だけでなく、勝手気ままに欲する者をも裏切るということになる。欲情はほとんどの場合心の抑制に逆らい、時には自ら分裂し争って、心が燃えても身体は燃えないということがある。(『神の国』XIV・16)

これに対してユリアヌスは「欲情」(concupiscentia)のもとで健全な身体の働きによる快楽を理解していた。だからそれはわたしたちの主イエス・キリストの体にも存在すると躊躇することなく説いた。それゆえ欲情は中性的な「欲性」を意味する。それに反してアウグスティヌスによると「欲情」はキリスト教的な結婚においても性の堕落と分離できない快楽の要素を含意している。それは結婚が悪いという意味ではない。結婚は神が定めたもので、子孫をもうけ天国の成員の数を充たす意義をもっている(『結婚の善』9・9)。この意味では性交も有益にして尊く称賛に値する(『原罪』34、39、『山上』I・15C42)。この有益な欲情は、たとえ生殖のためであっても、神を知らない人の「情欲」の病から区別されなければならない(『原罪』37、42)。欲情は罪に染まると情欲に転化する。それゆえ善である自然の徳と悪である自然の悪徳との二つは同時に繁殖することになる(同33、38)。原罪の罪責が両親から子どもに伝えられるのは情欲から情欲によってなのである。欲情自体は原罪ではない。それに反し「罪を犯す情欲は死の鎖である」(『ユリアヌス論駁』Ⅵ・16・48)。それは本性の受けた傷であり、悪徳(vitium＝欠陥)であって、本性を悪魔の奴隷とする(『結婚と情欲』Ⅰ・23・26)。たとえ洗礼を受けた者でも、それは罪の機会となりうる(『二書簡』Ⅰ・13・27)。これによって原罪が遺伝する手段となる。それは法的な債務と責務を伝える遺伝的な感染である。この感染はたとえ洗礼によって清められても、その働きは完全には除去されない。そのため洗礼を受けた両親の子ども自身にも影響しており、生まれた子供は再生の洗いを要する。(12)

アウグスティヌスはユリアヌスとの論争で原罪の根源を邪な欲望である情欲に求め、人類の統一的な見地から、アダムによって犯された罪が子孫に伝わり、人類は傷を負って誕生すると説いた。しかし、この傷は生物学的な意味で遺伝する性質ではない。だから、「悪い性質は、それが存在していたところを立ち去るように、実体から実体へとあたかも場所から場所へと移るようには移らない」(『ユリアヌス駁論』Ⅵ・18・55)と言われる。むしろ、それは心に受けた傷のように人間の主体の中にある意識の状態であって、「罪責」(reatus)として存在する。それゆえアウグスティヌスはユリアヌスに「罪責は霊や身体のように主体なのか、つまり実体なのか、それとも身体における熱とか傷のように、あるいは心に置ける貪欲や誤謬のように、主体の中にあるのか」(同VI・19・62)と問うて、ともにそれが実体ではなく、心における意識状態であることを認める。ユリアヌスも「罪責は罪を犯した人の良心に残る」ことを認めている(同)。

したがってこの傷は生物としての身体とは無関係である。それは罪責が良心に感じ取られている意識状態であるのと同一の現象である。しかし、それは単なる意識状態ではなく、それによって人間の心身関係が害を受けている状態であって、心における傷として残っている。[13] それによって本来あるべき心身関係の秩序が破壊されている状態が語られているように思われる。

この点ではアンブロシウスも「わたしたち自身の毀損状態」を「最初の違反によって肉と魂の不一致は本性に向かった」と言う(同II・5・11)。この状態をアウグスティヌスは「罪の罰」として理解し、「心の法則と戦っている身体の内にある法則」や「心の盲目」として捉えて次のように言う。「同様に、心の法則と戦っている身体のうちにある法則は、不正に行動した人に対する正しい罰となっているがゆえに、それ自体では正しい行動なのではない。また、ただ神のみが取り去りたもう心の盲目も罪であって、それによって神は信じられない。それはまた罪に対する罰であって、それによって高慢な心は当然受けるべき譴責によって罰せられる。それはまた罪の原因であって、悪事が暗い心の誤りによって犯される」(同Ｖ・３・８)。このような本来的な心身状態が受けた「傷」は「心の支配に反対する不従順」にほかならない。続けて彼は言う「同様に肉の情欲は、――これに反して善い霊は欲求を懐いている――、自己の内に心の支配に反対する不従順が内在してるがゆえに、罪である」と。

この「心の支配に反対する不従順」こそ「情欲」に内在する「傷」なのである。これがアウグスティヌスの原罪に対する解答である。

では、この罪はどのように人類に影響しているであろうか。彼は言う「この罪はまた不従順に対する当然の報いであるがゆえに、罪に対する罰でもある。それはまた同意する人の欠陥によってか、生まれて来る人の感染によって罪の原因でもある」(『ユリアヌス駁論』Ｖ・３・８)と。また「それは〔悪の性質と〕同じ種類の他の性質が、両親の病める身体からでもその子孫によく引き継がれるように、ある種の作用による感染として生じる」(同Ⅵ・18・55)と言われる。彼は比喩を使って痛風のような「身体の病」(morbus carnis)によって捉えられると言う(『未完書』Ⅱ・177)。それはダイモーンの働きによって生じたり、性交時に見る絵画によって婦人が影響を受け、ハンサムな子を身ごもる例を挙げて、「感染」の事実を説明している(『ユリアヌス駁論』Ｖ・14・51)。

その際、問題となるのは「感染」の仕方であるが、感染が性交によって身体的に生じて遺伝するというような表現をとったのは「生物学の範疇」を道徳の領域に誤って適用したと言えるとしても、両親の子どもに対する感化ということは罪の社会学的影響としても考えられる。したがって秩序に違反した情欲としての愛が人間社会に破壊的な影響をもたらすことは考えられる。魂の上に及ぼす精神的感化では、先に述べたように、先祖の罪に対する罰を子孫の三代四代に及ぼすという神の天罰を人類は受けたがゆえに原罪が波及したという説明のほうが優れている。したがって本来的な秩序を毀損し破壊した罪は社会学的な影響を及ぼしており、アダムの子孫は生態的には損傷を受けていなくとも、家や社会に伝わる悪しき精神環境として子孫に伝播すると考えることができよう。心身自体は損傷を受けていなくとも、霊・魂・身体という人間学的三区分法によれば霊の作用が心身に及んでおり、霊の指導によって初めて心身は正しく導くことができる。さらに、これに加えて世代の累積から社会学的な勢力が致命的な影響を与えることも考えられる。それゆえ、ここから神の国と地の国との分裂と対抗の歴史が説かれているような事態も起こってくる。実際、人は環境によって精神的な影響を受け、心身関係の秩序にひびが入り、心が傷つけられるからである。

予定をめぐる論争

予定の問題が引き起こされた経過についてはここでは恩恵の無償性と有効性に関してのみ問題としてみたい。この問題はアウグスティヌスがシクストゥスへの手紙で回心をもたらす有効な恩恵について論じ、神の賜物の無償性を約束したことに発する。論争はそこから帰結する神学的な決定論にあった。

(1)　恩恵の無償性と有効性からの帰結

救いをもたらす恩恵の無償性と有効性の教えがハドルメトゥムの修道士たちの間に恩恵に対する人間の側の主体的な関与に疑問を懐かせた。彼らは自由意志や永遠の生命に対する報酬、それに関する牧会的な配慮、さらには禁欲主義的な道徳の実践にまで広がる問題を最晩年のアウグスティヌスに提起した。神の選びという教えには神が個々人の良い行為や悪い行為にしたがって裁いたり報いたりしないという意味が含まれていた（『手紙』194・19、5、21）。したがって救いを授ける有効な恩恵の説には人間の側の自由意志や報酬が排除されているように感じられた。この教えは万人救済説、つまり神が万人の救いを欲しており、キリスト者の努力によって救いが完成されると説く当時支持されていた新しい思想と対立しているように考えられた。アウグスティヌスを批判した人たちは、個々人の信仰と堅忍に関する神の予知にもとづく予定だけを認めていた。したがって彼らは、神が万人に救済の機会を与えており、各人が自分の救済の実現に成功するか失敗するかは自己責任に委ねられていると主張した。

この万人の救済という問題は晩年になってから議論されており（『ペラギウスの訴訟議事』3・9―11、『神の国』XXI・17）、もし万人が断罪されたら、神の憐れみの余地がなくなり、また万人が救われるなら、神の正義の余地がなくなると説かれた（『神の国』XXI・12）。しかし、実際は神の憐れみは無償であって、人を顧みないし、人の功績をも顧みない。選ばれた人はただ感謝し、滅ぼされる人といえども不平を言うことはできない（『シンプリキアヌスに答えた諸問題』I・q・2・22）と反論された。したがって神の裁きは究めがたいがゆえに、エレミヤの比喩を使って粘土は陶工に反対して何も言えないのであって、ただ神への畏怖のみが残ると告白された。「あなたはわたしとそれについて討論してみたいのか。否、むしろあなたはわたしとともに驚き、ともに〈その富の深さよ〉と叫ぶであろう。ともに畏怖で満たされ、ともに叫ぼう〈神の知恵と知識の富は何と深いことか。神の裁きは究めがたく、神の道はほとんど見いだし得ない〉（ローマ11・33）と」

（『説教』26・12・13）。

それにもかかわらず、選ばれた人を救う恩恵は、洗礼によって伝えられると説かれた。このことは重要な争点の一つであった。これに反対してカエレスティウスが幼児は洗礼を受けていなくとも永生をもつと主張したことは、カルタゴ会議で問題となった（『原罪』4・3―4）。当時、幼児洗礼がニカイヤ公会議以来一般化してきていた。しかも「洗礼は一つである」がゆえに、幼児の受ける洗礼はアダムに由来する原罪のために不可欠とされた。ペラギウスは洗礼をその教えの中心においたが、それはあくまで幼児の犯した実行罪を償うためであった（同21・23）。ユリアヌスは洗礼を受けなかった幼児を天国と地獄の中間においている（『未完書』I・50）。また罪を犯さなかった幼児が未受洗の場合には罰は軽いとみなした[14]（『ユリアヌス』V・11・44）。

(2) 選びと運命

また選びの問題が再び異教思想である「運命」を導入することにはならないか、という形で問われた（『二書簡』II・5、10）。アウグスティヌスは自由意志が原罪によって損なわれたり、消失したとは説かなかった。ただ、自由意志は堕落した人にあっては罪を犯すのに役立つだけだと説いた。それゆえ、彼は自由意志を否定する運命論に陥ったことはない。自由意志は本性的な機能としては現にあるが、現実には罪によって汚染されているので、恩恵によって解放されなければ、悪をなすには自由であっても、善をなす力がないと説いた（同5・9）。しかし、人間に与えられた自然本性の機能としての自由意志を彼はいちども否定していない[15]。そこから結論的に言えるのは「自由意志は罪を犯したり犯さなかったりする可能性以外の何ものでもない」（『未完書』VI・9）ということであり、「人間が神から自由にされる意志の自由は罪を犯す可能性と罪を避ける可能性にほかならない」（同I・78）と言うことになる。したがって自由意志をもっていることと自由であることとは同じではない（同48・93）。とはいえ、人がひとたび悪徳を選ぶと、悪に染まった状態に転落することになり、そこからは神による以外には回復できない[16]（『ヨハネ福音書講解説教』V・5・1、VIII・36）。ここから宗教改革者カルヴァンの予定説とは異なることが明らかになる。

(3) カルヴァンとの比較

予定に関しては多様な解釈が可能であって、これを一義的に解明するのはきわめて困難である[17]。予定説ではとくにアウグスティヌスとカルヴァンが有名であるが、両者の相違も目立っている。カルヴァンは神の選びと滅びの決定は堕罪によらず、それ以前にそれと関係なく定められたと考えた。それに対してアウグスティヌスはアダムが自由意志を悪用して罪を犯したがゆえに人は断罪されたと説いた。したがって神は堕罪を予見したが、それを強いたのではないことになる。人祖アダムの堕罪の結果、人類はすべて断罪されたが、神の救いに導く選びは、現世で見るかぎり不可解であっても、神の決定は決して恣意に基づくのではない。それはいつかは判明する理由に基づいていると説かれた。[18] また自由意志の腐敗の程度はカルヴァンが全面的な腐敗を説いたのに対し、アウグスティヌスでは罪を犯した本性にも神の像の残滓と閃光は残存していると考えた。それゆえ両者を隔てる相違は大きいと言わなければならない。

神の予知と予定を論じるときの困難さは、永遠者である神の救済計画という時間的な経綸を有限な人間の経験から語らなければならないところにある。人間の時間は過去・現在・未来に分向しているが、このような時間によって神は把握されない。神は時間に働きかけても、時間によっては限定されておらず、時間からは測定されない。神は本質的に「全時間性」(sempiternitas)において存在する。だから「あなたの今日は永遠である」(Hodieus tuus aeternitas)と言われる。また時間は造られた被造性を根本的に規定している(『告白』XI・13・16、15・17、『神の国』XI・6、XII・14、XII・15)。さらに神の予知が人間の自由を取り去ると不平を言う人たちに対して、アウグスティヌスは予知が神から自由意志を取り去ったとでも言うのか、と反論している(『自由意志』

III・3・6)。

終わりにアウグスティヌスとカルヴァンが共通に主張する「滅びへの予定」について触れておきたい。それはアウグスティヌスの予定説の古典的な叙述に次のように提示されている。

「これが聖徒たちの予定であって、それ以外ではない。つまり、それは神の予知と恵みの備えである。これによって救われる者は最も確実に救われる。しかし、その他の者たちはどうなるのか。滅びの群れのうちに、神の正しい裁きによって取り残される以外ではない。そこにはツロとシドンの人々が取り残されていた。この人たちはキリストのこのような不思議なわざをみていたならば、彼らも信じることができたであろう」(『堅忍』13・35)。

ところが「予知されるだけでなく、実際に罰へと予定されている」とある機会に彼が語ったことから混乱と紛糾が生じた。予定説の根底にある神の全能性と恩恵の無償性という思想からはこうした帰結も論理的に可能であるがゆえに、こういう結論も免れないかも知れないが、このことを確定的に述べるのは行き過ぎであって、論争がもたらした不幸な事態であったといえよう。

注

(1) J. Gross, Das Wesen der Erbsünde nach Augustin, Augstinus Magister, II, p.773.

（2）また悪は単なる「欠如態」（privatio boni）である（『真の宗教』20・38『善の本性』6・6『エンキリディオン』Ⅳ・12）との基本的な理解にも原罪の影響があって、そこには本性の受けた「傷」が認められる。
（3）これはオーコネルの説である（O'Connell, The Origin of the Soul in Augustine's Later Works を参照）。
（4）アンセルムスの Cur deus homo: R.W.Southern, The Making of the Middle Ages, London, 1953,p. 234-7.
（5）Pelagius, Commentary on St Paul's Epistle to Romans, trans. by De Bruyn, 1993, p. 92
（6）ローマ書のこの言葉の解釈はこの論争以前のラテン神学者に親しまれていたものであって、四世紀のローマ人の手になる注解書 Ambrosiaster が重要な文献である。この書は作者不詳であったが、広く回覧され、司教アンブロシウスの手になるものと考えられていた。ロマ書5章12節の注解では「すべての者がアダムにおいて固まりのように（quasi in massa）罪を犯したことは明らかである」（ミーニュ『ラテン語著作集』第17巻92頁、92―93頁）とある。また massa が軽蔑する意味で繰り返し使われている。アウグスティヌスはこの書をポワイエの聖ヒラリウスの作と考えていた（『ペラギウス派の二書簡駁論』Ⅳ・4・7参照）。また、キプリアヌスの手紙六四（『罪の報いと赦し』Ⅲ・5・1・10、『ペラギウス派の二書簡駁論』Ⅳ・8・20）、さらにアンブロシウスの De Exc. Sat., 2,6: De poenit.,I, 3, 13（『原罪』41・47：『ペラギウス派の二書簡駁論』Ⅳ・11・29―31）をも参照。
（7）『シンプリキアヌスへ』Ⅰ・q・2、『訂正録』Ⅱ・1・1を参照。

（8）『シンプリキアヌスへ』Ⅰ・q・2・20参照。ジャン・ムールーはその著作『人間――そのキリスト教的意義』（三雲夏生訳）の中で原罪が与えた「傷」についておおよそ次のように語っている。「人間の最初のあやまちは自らの主となる自足への意志であった。魂はこれによって神との恵みの網を断ち切り、まさにその結果肉体との恵みの絆をも切断してしまった。自らを全的に神に与えることの不可能さによって深く傷つけられた魂と、全的に魂に自らを与えることの不可能によって同様に傷ついた肉体とに。それは荒れ狂う邪欲である。肉体がそれ自身に任され、あるいは腐蝕し、あるいは魂に反抗する。かくのごときものが肉体の悲惨さを明らかにする痛手なのである」（92頁以下の要約）。

（9）しかし、ここからアウグスティヌスが導き出した次の結論は誤っていた。すなわち、楽園では手足同様に性器官も統制できたのに罪の結果それができなくなった（『ユリアヌス駁論』Ⅵ・13・62参照）。これは生理学の知識に反しているがゆえに、科学的に支持しがたい。

（10）「わたしはもう、この世であくせくするのがいやになっていました。それは非常に大きな重荷であり、名誉と金銭の欲望にかられて、あのように重い屈従の生活を甘受するだけの熱情が、以前のように燃えあがらなくなっていたのです。それらのものは、あなたの甘美と、愛するあなたの家の美しさにくらべると、もう自分をよろこばせなくなりました。けれどもわたしはまだ、女性のことで頑固にしばりつけられていました」（同Ⅷ・1・2）。

（11）したがって神の前で結婚の誓約をした者は、結婚の目的として子供が生まれなくとも、このことのゆえに結婚を解消することは許されていない。結婚は神の恵みの表現たるサクラメントとして、男女を永遠に結びつけ、節制の善を勧め、欲望を征服し、「お互いに一致して聖性のより高い段階へ昇って行くのである」（『結婚の善』13・15）。サクラメントとしての結婚の善は霊的意味をもち、肉に生まれた子供を霊において生まれかわらせ、聖徒の交わりに加え、神の聖なる意志の実現に向かわせる。

（12）これに関する出典は多いが代表的な場所を示すと『原罪』39・44、『二書簡』Ⅰ・6・11、『結婚と情欲』Ⅰ・32・37、『ユリアヌス』Ⅵ・7・18が挙げられる。

（13）この自然的な本性に付けられた「傷」こそ原罪を指しているのであって、それは「蛇から受けた古い傷」（『ユリアヌス』Ⅰ・3・5）「死にいたらしめる致命的な傷」（Ⅰ・3・10）「本性に中の傷」（Ⅴ・16・65）「本性が受けた傷」（Ⅲ・26・59）「敵が本性に加えた傷」（Ⅲ・26・63）「原罪の傷」（Ⅳ・8・39）「悪魔によって人類に加えられた傷」（Ⅵ・19・58）などと言われ、これが子孫に伝えられるのは「心的な影響と感染による」とか「肉的な情欲から引き継がれる」と語られている。

（14）さらに洗礼なしでも救われる場合に関しては『洗礼論』Ⅳ・22・29を参照。

（15）彼は自由意志を抹殺しなかった。（『再考録』Ⅰ・8・6を参照）。意志は意欲すると同義であるかぎりで、最初から前提されているがゆえに、問題はなかった（『告白』Ⅶ・3・5『真の宗教』14・27を参照）。

(16) このような自由は自然的な本性に立脚するペラギウス派が説いている自由の定義とは相違している。アウグスティヌスの場合には聖徒の究極の自由は罪への自由をなくすことである(『譴責』12・33)。だが、恩恵は自由意志を破壊しない。というのも意志は神の呼びかけを受けることも拒否することもできるからである(『霊と文字』36・70を参照)。人間は自分自身の意志をもった理性的な被造物である(『罪の報い』Ⅱ・5・6)。

(17) ある研究者はアウグスティヌスをカルヴァン主義的に解釈するように傾き、他の研究者はアウグスティヌスとカルヴァンの両者を本質的に同一とみなした。ポリタリエは両者の間には似た点はないとした。カルヴァン自身はアウグスティヌスを高く評価したが、相違点に気づいていた(『キリスト教綱要』Ⅲ・22・8、Ⅱ・4・3)。

(18) アウグスティヌス『恩恵と自由意志』23・45、カルヴァン、前掲書、Ⅲ・21・1―7を参照。

［談話室］　アウグスティヌスの性理解の特質

アウグスティヌスの思想にはキリスト教とギリシア哲学とが十分に総合されることなく、未解決のまま取り残されながら、その後、教会の歴史にとり重要な役割を演じることになったものが多くある。性に関する問題もその一つである。カトリック教会は結婚の主たる目的を子供を生むことにおき、神の恵みによって成立するサクラメントのゆえをもって離婚を禁じ、結婚に優る善として童貞を説いているが、これらは主としてアウグスティヌスによって説きはじめられたものにもとづいているといえよう。彼はカトリック教会の司教としてこのように説いているが、わたしたちはそこに人間としての苦しい経験が先行しており、性に対する厳しい対決の態度と否定的な解釈とを見のがすわけにはゆかない。というのは性に関する問題は彼の生死にかかわる重大な意義をもっており、救済の経験の内実ともなっていたからである。

この点で彼はキルケゴールに近く、ルターとかけ離れている。キルケゴールの前にはひとりの女性レギーネ・オルセンが立っている。他方、ルターは青年時代に女性のことで罪を告白したことも、苦悩したこともなく、結婚を神の賜物として感謝して受け、深い喜びを味わっている。ところで、アウグスティヌスとキルケゴールが女性の問題で苦闘したとはいえ、両者のあいだの開きは大きいと言わなければならない。キルケゴールは神の前に単独者として立たねばならないと感じていたのに対し、アウグスティヌスは神の前に身心において清いものとして立たねばならないと感じていた。両者は共に「神の前に」立つ宗教的人間である点は共通であっても、結婚生活に入るに先立って単独者となることを問うのと、非公認の同棲生活がもたらした問題から出発するのとでは相当に相違があるといえよう。アウグスティヌスではこの性の問題が宗教生活の出発点となっている。

アウグスティヌスは第8章で考察したように、性生活での明るい愛と暗い情欲との双方を経験から知っていたが、キケロの哲学にふれることにより、この双方の愛が内心において分裂しはじめ、知恵への愛に対する妨害として肉欲が理解されるようになった。ところでこのキケロの『老年について』の中にはプラトンの『国家』から引用されたソポクレスの言葉が紹介されている。そこにはプラトンとソポクレスという古典ギリシアの代表的思想家の性についての共感がみられる。アウグスティヌスもキケロのこの書を修辞学校で読んでいると思われるので、プラトンの説くところを引用してみよう。プラトンは老年の不幸の原因が性関係の喪失にあるという人々に対して、ソポクレスと対論している様子を次のように述べている。

「どうですか、ソポクレス」とその男は言った、「愛欲の楽しみのほうは、あなたはまだ女と交わることができますか?」

ソポクレスは答えた、「よしたまえ、君。私はそれから逃れ去ったことを、無上の歓びとしているのだ。たとえてみれば、狂暴で猛々しいひとりの暴君の手から、やっと逃れおおせたようなもの」

私はそのとき、このソポクレスの答えを名言だと思ったが、いまでもそう思う気持ちにかわりはない。まったくのところ、老年になると、その種の情念から解放されて、平和と自由がたっぷり与えられることになるからね。さまざまの欲望が緊張をやめて、ひとたびその力をゆるめたときに起るのは、まさしくソポクレスの言ったとおり、非常に数多くの気狂いじみた暴君たちの手から、すっかり解放されるということにほかならない」(『国家』藤沢令夫訳)。

悲劇作家の性の理解はプラトンによって受け入れられているとはいえ、ギリシア的性の一面をとらえているにすぎない。というのは他面においてギリシア人は性の中に人間としての健康な姿を見てとっているからである。たとえば喜劇作家アリストパネスの『リューシストラテー』(『女の平和』）に展開する女性たちを見れば明らかである。彼女たちは性のボイコットに訴えて平和を念願し、実現している。ここに性による平和が祈願されていて、性からの解放による平和の実現というのとは異質な健康的な性理解があるといえよう。性に対する肯定と否定とはギリシア思想には並存しているが、プラトンは両者を統合しようと試みている。つまり性的エロースの中に永遠的意義がとらえられて、狂暴な愛欲が浄化され、知恵に対する愛へと高められている。肉体に向かうエロースは生殖によって子孫を得て、種族を維持することにより、個人として人は死すとも、類として不死にあずかっている。この不死の観点から性的エロースは肯定されるが、エロースは肉体の美よりも価値の高い精神の美に向かって高揚してゆく。

9　人間学の三分法

はしがき

これまでわたしたちはアウグスティヌスの「心の哲学」と「霊性」の問題を考察してきたが、その全体像を人間学の区分法によって纏めて見よう。この区分法について彼は次のように説き始める。

わたしは自分を自分自身に向けて、自分に〈おまえはいったい何者なのだ〉と尋ねると、わたしはこれに答えて〈人間である〉と言った。そしてどうです、わたしの内には身体と魂とがわたしのもとにあり、一方は外側に、他方は内側にある（『告白録』X・6・9）。

このような自問自答する思索のなかに心身論が展開する。人間は身体と魂とから構成されているというのは人間の自然本性にもとづく区分であって、哲学的人間学に属する。それに対しキリスト教は霊と肉の対立を人間の現実の状況として問題にする。霊的とは神の愛と信仰に生きる態度であり、肉的とは神に反逆し自己愛に生きる態度をいう。この霊と肉との区分は神学的人間学に属する。まず哲学的区分法について論じ、次に神学的区分法がどのように理解されているかを問題にしてみたい。

ギリシア的二分法とキリスト教的三分法

初期のアウグスティヌスが人間は魂と身体から成り立っていると繰り返し語るときには、霊は霊魂の中に入れられており、霊に独自な作用は認められていない。霊はヘブライ思想独自の人間理解であって、そこにおいて神と人とは初めて触れあうことが可能となる。この理解は原始キリスト教以後の歴史とともに次第に成熟していってはっきりと自覚されるようになった。すでに第一章で論じたように、オリゲネスが初めてこの霊を問題にしはじめ、ニュッサのグレゴリウスに継承されるが、アウグスティヌスも独自の思索によって霊性の自覚に到達した。

心身の哲学的二区分　最初期の『幸福な生活』の中で人間とは何かとの問いに答えてアウグスティヌスは初めて次のように言う。「わたしたちが魂（anima）と身体（corpus）から構成されているのは明白であると思われる」（『幸福なる生活』2・7）と。また初期の手紙には「わたしたちは何から成り立っているのか。魂と身体からである」（『手紙』3）と語られている。この魂と身体は人間の「自然本性」（natura）であり、「実体」（substantia）である。この点を示して「人間のうちには、その実体、また自然本性に属するもので、身体と魂のほかには何も存在しない」と言われる（『説教』150・4・5）。このような二区分のなかで身体と霊（spiritus）によって区分を表すものもある。たとえば「人間は身体と霊から成り立っている」（『説教』128・7、『神の国』XIV・4・2）と。また身体（corpus）の代わりに肉（caro）を用いる場合も多い。「わたしたちは人間のうちに肉と魂のほかには何ものも見いだされない。人間の全体（totus homo）とはすなわち霊と肉（spiritus et caro）である」（『詩編注解』145・5）。このテキストでは魂と身体が霊と肉によって置換されていて、霊と肉の区分も自然本性上の区分に入れられている。このような概念上の不統一のゆえに、人間学的区分を用語にもとづいてこの概念の意味を決定することはできない。したがって、わたしたちは語られた文脈と内容からその意味を決定しなければならない。

哲学的三区分法

魂と身体の二区分法と並んで霊・魂・身体の三区分法も用いられた。この区分法はⅠテサロニケ5・23に由来する。パウロの人間学ではこの箇所は重要な意義をもっていないとみなされているが、ユスティノス、エイレナイオスさらに前に考察されたオリゲネスによって用いられ、人間学的区分法の伝統を形成している。アウグスティヌスにおける例を一つだけあげると「人間の自然本性の全体は、確かに、霊・魂・身体である」(natura certe tota hominis est spiritus, anima et corpus.) と明瞭に述べられている(『魂とその起源』Ⅳ・3・4、そのほか『信仰と信条』4・8、『三位一体』第15巻・7・11、『魂とその起源』第2巻・2・2、第4巻・3・4などに三区分法が見られる)。

そこで二分法と三分法の区別の問題は「霊」(spiritus) と「魂」(anima) との二概念の関連にあると考えられる。『魂とその起源』は二つの区分法について次のように言う。

あなたは実際知らなかったのか。聖書に「汝はわたしの霊からわたしの魂を解き放ちたもうた」と語られているところにしたがって、魂と霊との二種類が存在しているのを。そしてこの両者とも人間の自然本性に属しているため、人間の全体は霊・魂・身体から成るということを。しかし、それら二つのものはしばしば、例えば「そして人間は生ける魂となった」（創世記2・7）とあるように、一緒にされて魂という名で呼ばれる。この箇所では確かに霊のことが考えられている。同様にしばしば〔霊と魂の〕両者は、「そして彼は頭をたれて霊をゆだねた」（ヨハネ19・30）と書かれているように、霊という名で呼ばれる。この箇所では魂もまた必然的に考えられている。すると両者は同一の実体であろうか。あなたはすでにこのことをご存知のこととわたしは思う（『魂とその起源』II・2・2）。

アウグスティヌスは霊と魂が同一実体に属することをこのように明らかに語っているがゆえに、三分法は結局二分法に還元されている。ただ「魂」（anima）は身体を生かす生命原理であるのに対し、「霊」は実体では魂と同じでも機能によって相違する。この引用文では霊は自然本性として把握されており、神の霊によって導かれるパウロ的プネウマを含まない。自然本性としての「霊」は魂の理性的働きをもっている。彼は魂と霊を区別して次のように言う。「しかし人間の霊は聖書では魂そのものの理性的能力（ipsius animae potentia rationalis）と呼ばれ、この能力によって家畜と相違している」（『マニ教を論駁する創世記注解』II・8・11、『詩編注解』145・5、『信仰と信条』10・23参照）。だから「家畜は霊を所有していない、すなわち知性と理性もしくは知恵の感覚とを所有しないで、ただ〔生命原理としての〕魂をもつだけである」（『魂とその起源』Ⅳ・23・37）とも言われる。したがって霊は魂という実体のうちにある理性的能力であって、『創世記逐語注解』では心の生産的能力として表象をつくりだす構想力であると説かれた。魂とその認識の諸能力の関係について一般的には次のように理解されている。

魂はその機能にしたがってさまざまな名称で呼ばれる。すなわち、生命活動を与える機能により〔固有な意味で〕魂（anima）と呼ばれ、観照する機能により霊（spiritus）と呼ばれ、感覚する機能により感覚（sensus）と、味わい洞察する機能により精神（animus）と、理解する機能により知性（mens）と、分析する機能により理性（ratio）と、想起する機能により記憶（memoria）と、同意する機能により意志（voluntas）と呼ばれる。しかし、これらのものは名称で相違しているようには実体では相違してはいない。なぜならこれらすべては一つの魂であって、その固有性において差異があるからである（『霊と魂』13）。

このように魂は実体としては一つであっても、機能によって多様に呼ばれ、その中に霊も教えられている。なお用語上、「身体」（corpus）と「肉」（caro）とは区別なく用いられている。コルプスは身体と同時に物体をも言い表わすために、身体の代わりに肉が用いられたように思われる。さらに神の言葉の受肉、つまり「言葉が肉と成った」というヨハネ福音書が「肉」(caro)を用いるところからも来ている。しかし、この場合の「肉」は「人間そのもの、すなわち人間の自然本性」を指し、肉と魂からなる人間を意味する。「このように肉と呼ぶとき、部分によって全体が語られている」(『神の国』XIV・2・2)。だから、肉が単独で用いられているときは、魂と肉とからなる人間の自然本性が考えられているが、肉が霊と対決している場合とは霊と肉は相違している。次にこの霊と肉とが対立する区分法について考えてみよう。そのさい内的人間と外的人間の区別が導きとなっている。

内的人間と外的人間の区別による霊と肉

魂と身体の区別は内的実体と外的実体として考えられ、この区別が内的人間と外的人間として語られる。このような区分法の意義を検討してゆくと、アウグスティヌスの精神的発展とともに霊と肉との神学的区分法の理解が拓かれてくる。

そこで初期の代表作『真の宗教』と中期の代表作『告白録』さらに後期の大作『三位一体』か

ら「内的人間」の理解の進展について短く触れてみなければならない。

『真の宗教』　ここでは内面への超越が強調されており、内的人間について次のように語られる。「外に出て行こうとするな、あなた自身の内へ帰れ。内的人間のうちにこそ真理は宿っている」(『真の宗教』39・72)。ここに「外から内へ」の内面性の転換が超越の命法として提示され、この自己の内心への超越は内的人間のうちに宿る真理へ向かって脱自的に超越すべしという第二の命法へと向かう。そこで前文に続けてこう言われる。「そしてもしあなたの自然本性が可変的であるのを見いだすならば、あなた自身をも超越せよ。だが、あなたが超越する場合、理性的に推論する魂を超越するのだということを銘記せよ。それゆえ、理性の光そのものが燈されているところへ向かって前進せよ」と。このように内的人間は外から内へ、内から上へと二重の超越運動によって真理に合致するように命じられる。そして真理に合致するのは「場所的空間によるのではなく、精神の愛着(mentis affectus)によって生じる。こうして内的人間は自己のうちに宿っているものと、最低の肉的な快楽によってではなく、最高の霊的歓喜によって合致するに至る」(同上)。このように内的人間、つまり精神(魂)の愛は「霊的」(spiritualis)であるのに対し、外的人間の快楽は「肉的」(carnalis)であると規定される。

しかしアウグスティヌスは内面への超越を説くとき、外的人間から出発し内的人間に至る道をも説いているため、二つの人間のあいだには発展的な連続性が認められる。外的人間は生来の古い地上的人間であり、自然に齢を重ね幼年期から老年にまで進む。この外的人間も精神的諸段階を経て、内的に更新した新しい人間となり、内的にして天上的人間にまで発展する。このような連続的発展において外から内への超越を考えているところに初期の人間学的区分法の特質がある。すなわち魂と身体の区分が内と外の区分であり、自然本性的な構成から成り立っており、「肉的」と「霊的」の区別もこの構成にもとづいている。

『告白録』　この作品では彼の回心体験が反省され、肉的人間の問題も心の苦悩に満ちた霊肉の葛藤として描かれる。その際、先の内面性は『告白録』では「心」（cor）への帰還として語られ、「不安な心」が神の中に平安を見いだす内面性の動態が詳述される。とくに第八巻は回心直前の深刻な苦悩を語り、それをパウロのローマ書第七章後半の霊肉の分裂と同質のものとして捉える。

わたしは、「内的人間に従ってあなたの律法を喜ぼうとした」が、そうすることはできなかった。「わたしの肢体のうちには別の律法があって、わたしの心の律法と戦い、わたしを肢体のうちにある罪の法則のとりことした」からである。この罪の法則というのは、習慣の強制であり、それによって、心は欲しなくとも、引きずられ、つかまえられるからである。心はみずから進んでその手中に陥ったのであるから、当然である。わたしはこのように悲惨であったが、だれがわたしをこの死の体から救うであろうか。それはわたしたちの主イエス・キリストによるあなたの恩恵ではなかろうか[1]（『告白録』Ⅷ・5・12）。

こうして魂と身体との自然本性上の対立とは異質な、人間の生き方が対立する二つの可能性で表明される。すなわち肉欲の習慣という強制を意味する罪の法則に従うか、それとも「わたしが呼びかけられていたところへ飛躍する」かという分裂、つまり「このような相克がわたしの心のなかで全くわたし自身からわたし自身に敵対して起った」（前掲書Ⅷ・11・26―27）とあるように、人間の外と内との分裂ではなく、同一の内心において意志が二つに分裂しているものとして理解される。[2]二つの意志は実体の意味で言われているのではない。もしそうならマニ教の二元論と同じになってしまう。そうではなくて霊と肉との二つの生の可能性をいうのであって、内的な人間に従うか、それとも外的な人間に従うかの対立関係、つまり内的人間に従って生きることによって救済に到達するか、それとも外的人間に従って生きることによって破滅に至るかの選択の前に人は立たされる。

しかし第七巻の神秘的体験を述べたところで神の直観にとどまり得ないのは、飛翔をさまたげる「わたしの重み」であると見なし、アウグスティヌスは次のように言う、「この重みというのは、肉の習慣である。……それは、〈朽ちる身体が魂を重くし、地上の住居が思い煩う心に重荷を負わせる〉（知恵の書9・15）からである」（前掲書Ⅶ・17・23）と。ここでは身体が精神の高揚をさまたげているように旧約聖書外典の『知恵の書』の言葉が引用される。もちろん「肉の習慣」は身体にかかわる肉的態度によって生じた堕落態であって、単なる自然本性の意味ではない。しかし、それでも身体が重圧であるというプラトン主義的な考えがいまだ残存し、身体を悪しきものとみなす考えが払拭されていない。この点は晩年の『神の国』においていっそう明確な規定が与えられた。すなわちアウグスティヌスは『知恵の書』のいう身体が、パウロのいう「わたしたちの外的人間は朽ちる」（Ⅱコリント4・16）を意味し、「わたしたちは朽ちる身体によって重くなっているが、その重くなった原因は身体の自然本性や実体にあるのではなく、それの腐朽にある。……魂のすべてのわざわいが身体からくると考える人は誤謬を犯している」と語り、「魂の重荷となる身体の腐朽は、最初に罪を犯した原因ではなく、むしろその罰である。朽ちる肉が魂を罪あるものとしたのではなく、かえって罪ある魂が肉を朽ちるものにしたのである」と結論する。[3]

『三位一体』　この作品の第12巻の冒頭でアウグスティヌスは内的人間と外的人間との境界について考察し、動物と共有するすべてを、すなわち身体的生活とこれに関係する感覚的認識とその表象とを、外的人間に帰した。それに対し内的人間である精神は霊的実体(substantia spiritualis)であり、これによって人間は霊的存在にまで敬虔によって高められねばならない（『三位一体』XII・1・1）。この内的人間は理性によって動物から区別されるが、理性は機能によって二つに分けられ、形態的事物に関わる低次の働きと永遠の真理に向かう高次の働きに分けられる。こうして得られた知識と知恵、行為と観照の区別が外的人間と内的人間の区別に対応しているとされる。[4]

だが、もし人が感性的事物を享受し、神的事物を自己愛の手段として使用するならば、内的人間と外的人間によって定められた人間の秩序は破壊され、内的人間は魂の感覚的所与と外的事物の支配下に転落し、自ら外的人間となる。この場合の外的人間となった内的人間は肉的な人間である。これこそアダムの堕罪の物語るところである。[5] この原罪によって失われた内的人間は神の霊の働きによって霊化され、新しい霊的人間とされる。

アウグスティヌスは内的人間と外的人間の区別を魂と身体で表す古代的人間学の枠内に立ちながら、それとは原理的に異質のキリスト教的な霊・肉の区別を次第に明確に説くようになった。とりわけ『神の国』における二つの国の対立は神の愛に立つ「霊的な国」と自己愛に立つ「肉的な国」とからなり、霊・肉の壮大なドラマとして描かれた。そこに霊・肉の最も明確な区別が次のように述べられている。「二つの相違し相反する国が起った。一方は肉に従って生きる人々であり、他方は霊に従って生きる人々である。その意味で前者は人間に従って生きる人々と呼ばれ、後者は神に従って生きる人々と呼ばれる」(『神の国』XIV・4・2)。

この「肉に従って生きる」というのはエピクロス派の快楽主義を意味するのではなく、また「霊に従って生きる」というのは最高善を精神におくストア主義の生き方でもなく、聖書の主張によれば、いずれの学派も肉に従って生きるとみなされる。パウロはガラテヤ書5章19―22節の悪徳のカタログの中に精神の悪徳をも数多く入れた。だから「異端の教えによって肉欲を抑え節制しているように見えても、肉欲を断った時でさえ、いとうべき肉のわざを行なっていると宣告される」(同上)。これこそ自然本性による人間学的区分とは全く異質な神学的人間学の区分であって、精神から区別された霊を言い表すものである。

神秘的霊性の理解

これまで霊・魂・身体という三分法の意味について考察し、自然的精神と宗教的な霊との根本的相違を指摘した。次の問題はどのようにして自然的な精神が宗教的な霊にまで到達できるかということである。その際、アウグスティヌスが新プラトン主義を通ってからキリスト教の救いに到達した歩みが重要となる。この歩みは彼の神秘主義や霊性にとって重要な意味をもっており、著作においても次第に神秘的な霊性が自然的な精神から区別されて思想的に成熟するようになった。

アウグスティヌスが神秘主義者であるか否かについて意見はさまざまであるが、彼が好んで用いた「神の観照」・「神の直観」・「神の享受」という言葉によって、通常の理性による認識以上のものが表現されていることは確かである。西洋思想史においても神秘主義にはさまざまな形態が見られるが、アウグスティヌスに発しドイツ神秘主義に向かう中世キリスト教神秘主義の流れは、信仰の敬虔な生活から生まれ、キリストとの一体感のなかに生き続けて、ヨーロッパ的な霊性を育成してきた。しかし彼の思想では中世で説かれた神と魂との「神秘的合一」(unio mystica)は彼の霊的な経験の中では表明されず、むしろ神と人との異質性が強調され、この断絶を克服する「道」がキリストにおいて示された点が説かれた[6]。しかし身体をもって地上を遍歴するかぎり、「神の観照」は現在よりも将来の究極目標とされ、現在は愛を潔め、意志を強化する恩恵の下での生活が説かれた。ここからキリストとの愛の交わりに参加することが力説された。たとえば『ヨハネ福音書講解説教』で次のように語っている。「キリストを信じるとは何か。それは信じながら愛し、信じながら敬愛し、信じながら主キリストのうちに入り、そのからだに合体されることである」(『ヨハネ福音書講解説教』29・6)。このからだというのは神秘的なからだとしての教会を指していると考えられるが、ここにキリストと魂、キリストと教会との関係が信仰による神秘的合一として捉えられ、「人なるキリストから神なるキリストへ」と向かう超越となる。こうして「この人なるキリストから神なるキリストへというアウグスティヌスの命題は、高く聳える灯台のごとく全世紀にわたるキリスト神秘主義に目的への正しい道を示している」[7](グラープマン)と言えよう。

したがってアウグスティヌスは神秘的な霊性を神の観照や神秘的合一に至る道程として説くようになり、その道程を魂の七段階説や三段階説として説くようになった。

魂の七段階説　この説は初期の『魂の偉大』(De quantitate animae, AD. 388) では神の観照に向かう七段階として、つまり⑴生命現象、⑵感覚、⑶術、⑷徳、⑸静寂、⑹接近、⑺観照として説かれた。この歩みの中で最高段階を見ると、それが知性的認識の頂点を語っていても、全体が自然本性の高まりにすぎないことが知られる。最高の第七段階は真理を直視する「観照」(contemplatio)である。

ついにわたしたちは、真理を見ること、観照の中に入る。それは魂の第七番目の段階で、最高の段階である。否、すでに段階〔と言われるべき〕ではなく、むしろ、これまでの段階を経て到達される住家なのである。それがいかに喜悦に満ちたものであり、それがいかに最高にして真の善の享受であるか、いかにその晴朗と永遠の霊気が吹いていることか、わたしはどのように言ったらよいのか〔表現を知らない〕(『魂の偉大』33・76)。

ここで語られている七つの段階は人間の魂が真理に向かって超越していく認識のプロセスである。ここには知的な救済を志向するプラトン主義的な傾向が示されており、それは人間の精神的な発展を述べたものにすぎない。

同じ初期の著作の中で霊的な七段階説は『マニ教を反駁して創世記を論じる』(388―390)で論じ

られた。ここでは七段階が比喩的に解釈された。同じころに『真の宗教』(389―390)が書かれ、認識における七つの段階が示された。その最終段階は宗教とは神との結合であると語られる。「彼らの援助によって唯一の神に向かって探求し、わたしたちの魂を唯一者に結びつけて――ここから宗教と言われたと考えられる――わたしたちはあらゆる迷信から遠ざかる」(『真の宗教』55・111)。しかしこの場合も理性の認識作用において神に向かって上昇する歩みの目的が段階的に把握されており、形態的なものから非形態的なものへと方向付けられた初期の哲学の姿勢がそのまま維持されている。さらに『主の山上のことば』と『キリスト教の教え』にも段階的な発展が心理的な要素を加えながら語られているが、それでも初期の著作においてはプラトン主義の認識論が支配的であって、神に向かう段階の理性的な説明が主たる内容となっている。終わりの二著作に示されているように魂の心理学的分析にとどまらず、そこから離れて心情的な愛の傾向を正しく導く意図をもって神に至る道行が段階的に説かれていた。この時期に彼は司祭から司教となっており、彼は聖書の研究にいっそう努めていることが知られている。

霊的な超越と三段階の図式　中期の代表作『告白録』から『三位一体』で叙述されている神秘的霊性の発展段階に目を向けてみたい。そこではもはや七つの段階が採用されず、いっそう簡潔な構成が与えられ、上昇的な超越の歩みは三段階的な経過を取るようになった。彼自身の神秘的経験は『告白録』第七巻でプロティノスの書物を読んだときの出来事として叙述されている。初めに(1)内面への転向が述べられ、次に(2)「魂の目」によって自己を超えたところに不変の光を見る体験が語られている。さらに(3)不変の光の照射をうけ、突き放されるという経験が示される。この三つの場面は『真の宗教』で述べられていた三段階の発展として説かれた。[8] しかし認識が瞬間の出来事であって、永く続かないことよって有限性を自覚したがゆえに、神と魂との「神秘的合一」ということは、この経験の中に入ってこない。とはいえ「魂の目」による光の認識の挫折は、神の側からの声を啓示として聴く「心の耳」に向かわせる。ここにキリスト教に独自な霊的な経験が入ってくる。このことは回心後のオスティアにおける神秘的体験の記録では神秘的な「拉致」(raptus)体験として「ただこの一つの直観に見る者の心が奪われ(rapiat)、吸い込まれて、深い内的歓喜に引き入れられる」と叙述されている(『告白録』XIX・10・25)。

ここに神秘的体験の核心をなす神秘的「拉致」体験の事実が示されているが、その際に注目しなければならないのは、ミラノの経験のように一瞬の直観によって神に触れても神から突き放されないで、その至福な状態に留まるにはどうすればよいかということが示されている点である。そのためにはこのテキストが語っているように思惟による知的直観が神自身の啓示の声に聞くことによって支えられなければならない。つまり神の声を聞く「心の耳」の受容作用なしには神のもとに至る「拉致」は実現しないといわざるをえない。見るという直観の作用は、なお、依然として、対象との間に主客の距離と分裂を前提する。視覚が一般に「遠隔感覚」であると言われるのに対し、聴覚は「近接感覚」である。それゆえ啓示の声を聞く作用は、元来、言葉が直接感受されるため、受動的であるのみならず、語られた言葉が、直接、心の肉碑に刻み込まれる。そのため聴覚は断固たる態度をもって生の方向転換たる回心を引き起こすといえよう。(9)

霊による視像（ビジョン）の認識　アウグスティヌスは『創世記逐語注解』の最終巻でパウロの神による神秘的な「拉致」体験を霊的な経験として解釈しようと試みた。そこでは「あなたの隣人を自分のごとく愛しなさい」（マタイ22・39）という戒めを事例として取り上げ、それとの関連で三種類のビジョンについて語った。(10)ここでは身体的感覚による視像と霊による視像に加えて、第三の愛による視像が区別される。その際、「霊」(spiritus) という用語はキリスト教的な霊性の意味からはかけ離れており、像を形成したり再生したりする構想力と考えられている。このことはヘーゲルが宗教の立場を絶対知に至る前段階の表象知と規定したのに似ている。これに対して第三の愛の作用には最高の視像が求められ、それは「精神の直視によって」(per contuitum mentis)

実現される。そのとき人は何らの模像をもつことなく霊的に愛の意味を捉える。アウグスティヌスによるとこれが模像を伴わない直観知 (intelligentia) である。

霊的な新生　晩年のアウグスティヌスは人間が霊的に誕生しなければならないことを強調した。『神の国』の最終巻ではこれを「霊的な誕生」として次のように語られる。「使徒は、人間が敬虔と義に従ってかたち造られる霊的誕生 (institutio spiritualis) を、このような肉的誕生になぞらえて述べている。〈たいせつなのは植える者でもなく、水を注ぐ者でもなくて、成長を与える神である〉(Iコリント3・7) と」(『神の国』XXII・24・2)。このような魂の新生こそキリスト教人間学の核心をなすものであって、人間の自然本性の改造をもたらす。アウグスティヌスはこの観点にもとづいて再度七つの段階説を述べている。[11] しかし彼が強調したのは、真理の認識と善への愛に段階的に昇ることが知恵と諸徳を身に付けて神の至高にして不変なる善を強く欲求することに求めた点である。これを可能にしてくれるのが「霊的な誕生」に他ならない。そのときの霊の状態を彼は次のように語っている。

もはやどんな悪にも染まらず、これに支配されず、これに屈することなく、戦いがほまれとなる相手も失せて、まったき平和に達した徳のうちに完成するとき (pacatissima virutute perfectus)、人間の霊はいかばかりのものとなろうか。神の知恵が最高の至福を伴ってその源から汲まれるとき (Dei sapientia de ipso suo fonte potabitur, cum summs felicitate) 誤謬もなく労苦も伴わない万有の知識は、いかほど大きく、いかほどうるわしく、いかほど確かなことであろうか。身体 (corpus) があらゆる点で霊 (spiritus) に従い、これに十分養われて他の栄養を少しも必要としないとき、その身体はいかほどすぐれているであろうか。それは肉の実体をもちながらも肉的な壊敗はまったくなく、魂的ではなくて霊的になるであろう (non animale ,sed spiritale erit.『神の国』XXII・24・5)。

これがアウグスティヌスの霊性の理解であって、彼は最晩年のペラギウス論争の諸著作でもペラギウスが人間の本性に立った自然主義的な道徳哲学に立っていたのに対決して、自然本性の「霊的な誕生」を説いてやまなかった。そこではキリスト教的な基盤に立った絶対的な恩恵が「活動的な恩恵」(gratia operans) や「先行的な恩恵」(gratia praeveniens) として説かれた。[12] アウグスティヌスの「魂の七段階説」と「三段階説」は中世に受け継がれて神秘主義を説くための方法として積極的に採用された。しかしアウグスティヌスにおいては神秘主義が説く観照と合一についてはいつも終末論的保留がなされ、希望の下に置かれた。したがってプロティノスの影響によって叙述された神秘主義よりもキリスト教的な霊性の確立のほうに彼の関心は向かっていたといえよう。

（1）内的人間はここでは単なる精神としての魂ではなく、神の律法に従う心を意味し、これが肢体の律法と対立し、新しい心と古い習慣の強制とによって内心に分裂が生じ、自己が自己に対して敵対している様子が示されている。

（2）アウグスティヌスはこの分裂状態を「魂の病気」とみなし次のように言う。「魂は真理によって起されながら、習慣によって抑えられて、全体として立ちあがることができない。それゆえ、二つの意志が存在するのは、そのうちいずれも完全なのでなく、一方の意志に欠けているものが、他方の意志に備わっているからである」（前掲書VIII・9・21）

（3）『神の国』XIV・3・1、XIV・3・2。ただ問題は中期の作『告白』において身体がいかに理解されているかということであり、とりわけ第八巻の霊・肉の葛藤の叙述においては主体的な霊肉の理解に至ったが、第七巻では「朽ちる身体」を罪の結果とみていたか、自然本性として理解していたかどうかということである。いずれにせよこのよく引用される『知恵の書』の言葉が、自然本性的にではなく、神学的に明らかに規定されたのは『神の国』第一四巻においてなのである。

（4）『三位一体』XII・3・3―4・4。ところで内的人間の知恵の内容は神への敬虔である。「最高の知恵は神であり、神の礼拝が人間の知恵である」（前掲書XIV・2・4）。この知恵にあずかる内的人間は神の前に立つ人であるのに対し、同じ人が外的人間として物体的世界につながっている。この世界でのすべての行為は知識により理性的に導かれる。

（5）「実際、もし外的人間がアダムであり、内的人間がキリストであるなら、両者ともよく理解される。だが、アダムが神により創造されたように善にとどまらないで、肉的なもの（carnalia）を愛することにより肉的に（carnalis）なったとき、創造の状態から堕落し、神の像と似姿を喪失している事実を愚かと思うことはできない」（『83の諸問題』51問・1）。

（6）彼自身の神秘的経験は『告白録』第七巻でプロティノスの書物を読んだときの出来事として叙述されている。そこには次の二つの注目すべき点が認められる。(1) 神秘的脱自の決定的瞬間においても自己省察が続けられ、覚醒した意識の下で思惟が火急的になり、認識が愛と同化している。(2) 神の認識が一瞬のことであり、それに長く耐えられないことから人間存在の有限性とそこから生じうる罪とが自覚されている。したがって神と魂との「神秘的合一」ということはこの経験の中に入ってこない。むしろ神と人との異質性が認識され、この断絶を克服する「道」が神の言葉であるキリストにおいて示される。こうして「神の観想」は将来の究極目標にされ、現在は愛を潔め、意志を強化する恩恵の下での生活が説かれる。

（7）M. Grabmann, Augustins Lehre von Glauben und Wissen und ihr Einfluss. S. 90f.

（8）そこには次の二つの注目すべき点が認められる。⑴神秘的脱自の決定的瞬間においても自己省察が続けられ、覚醒した意識の下で思惟が火急的になり、認識が愛と同化している。⑵神の認識が一瞬のことであり、それに長く耐えられないことから人間存在の有限性とそこから生じうる罪とが自覚された。

（9）この点に関しては金子晴勇『アウグスティヌスの人間学』280―283頁参照。なお、「聞く」作用の意義についてはU. Duchrow, Sprachverständnis und biblisches Hören bei Augustin, 1965, S. 73-89を参照。

（10）『創世記逐語注解』XII・6・15。三つの種類のヴィジョン（視像）というのは⑴眼を通してヴィジョンで、これによって文字そのものが読まれる。⑵人間の霊を通してヴィジョンで、不在の隣人であっても想起される。⑶精神の直視によるヴィジョンで、これによって愛そのものが理解され洞察される（ロマ1・20）。これら三つのもののうち、第一と第二は日常経験で明らかであるが、「これに対して愛が理解され洞察される第三のものの場合、ものそのものでない、ものに類した模像といった類のものをいっさい持たないある類のものを含んでいる」と語られている。

（11）『神の国』XXII・24・3「こうして神は、⑴人間の魂（anima）に⑵精神（mens）を与えられた。精神を座とする理性と知性（ratio, intelligentia）とは、子どもにあってはまだ眠ったままで、いわばないに等しいのであるが、年齢が進んでくると目ざめ、大きくなって知識と教えとを受け取ることができるようになり、⑶真理の認識（perceptio veritatis）と⑷善への愛（amoris boni）をもつようになる。精神はその能力によって⑸知恵（sapientia）を吸収し、⑹諸徳（virtutes）をそなえ、……ただ

(7)神の至高にして不変なる善のみを希求すること(desiderio boni summi atque inmutabilis)によってのみ、悪徳に打ち克つのである」。

（12）この恩恵概念の発展については J. P. Burns, The Development of Augustine's Doctrine of Operative Grace, 1980 の研究を参照。

［談話室］　アウグスティヌスの怒りと死の危険

2013年の春、北アフリカのアルジェリアとリビアの国境地帯でイスラム過激派によるテロが起こり、日本人10名を含む39名の尊い人命が奪われました。この国境地帯はアウグスティヌスが司教を務めていた海浜都市ヒッポの南に当たっており、ヒッポの南には彼の生地タガステがあって、事件の起こったイナメナスはそのさらに南に下がったところに位置しています。

実は同じような事件がアウグスティヌスの時代にも起こり、ローマ皇帝の偶像破壊令に基づいてスフェスの町の神像が取り壊されたことがありました。これに怒ったスフェスの民らは60名のキリスト教徒を虐殺しました。アウグスティヌスはこの殺戮《さつりく》行為に直ちに激しく抗議して「スフェスの指導者、行政官、年長者たちへの手紙」（書簡50アウグスティヌス『書簡集』⑴金子晴勇訳、教文館、135―136頁）を書き送り、倒されたヘラクレス像は金を払ってでも作らせるから、亡くなった30名の生命を返してもらいたい、と厳しく問い詰めました。わたしが思うに、アウグスティヌスがわたしたちの時代に生きていたら、必ず同じような行動をとっていたでしょう。

キリスト教古代の往時から北アフリカの人たちの中には長く続いたローマの支配に我慢できず、

過激な行動に走る熱血漢が揃っていました。アウグスティヌスの時代にはカトリック教会から分かれた分離派のドナティストたちの中に「放浪修道士団」（Circumcelliones）と言われる過激集団があって、殉教の死を称えて殺戮行為を繰り返していました。アウグスティヌス自身も見知らぬ地の道案内人が帰る道を間違えなかったら、彼らの待ち伏せにあって命を落とすところでした（ポシディウス『聖アウグスチヌスの生涯』熊谷賢二訳、創文社、1963年、45−46頁）。このようなドナティストの危機を回避するためにカトリック教会とドナティスト教会との協議会がカルタゴで開催され、アウグスティヌスはすぐれた指導力を発揮して全世界にその名声をとどろかせました。

この過激なドナティスト集団の有様をわたしは最初に訳したアウグスティヌスの書簡から詳しく知るようになりました。この書簡というのは、教文館版『アウグスティヌス著作集』第九巻「ドナティスト駁論集」所収の『ドナティスト批判』です。その原題は「ドナティストの矯正について」（書簡185）です。この書簡を読んで当時の歴史的事情が実に生き生きとした筆致によって叙述されているのに触れ、冷静な理論的著作や激しい異端論駁書には見いだせない、もう一つのアウグスティヌスの生ける姿に接し、わたしは本当に驚き、かつ、感激したのでした。

10　アウグスティヌスの影響

中世思想はある意味でアウグスティヌス解釈の歴史であったといえよう。同様の傾向は16、17世紀まで続いている。そこでまず、この時代の思想家の中で彼の影響を受けている幾人かを重点的に取り扱ってみたい。なかでも彼が「恩恵の博士」と称されたように、自由意志と恩恵の問題は中世を通しての最大のテーマであって、わたしたちは主として12世紀のアンセルムス、13世紀のトマス・アクィナス、16世紀のエラスムスとルターを、17世紀の思想家としてパスカル（Blaise Pascal, 1627-62）を、現代ではその代表的な思想家を、それぞれ取り上げ、彼の影響の跡を明らかにしてみたい。

12世紀のアンセルムス

中世の初期スコラ神学はアンセルムスの思想から開始している。彼の自由意志と恩恵についての思索は、初期から晩年に至るまで続けられ、アウグスティヌスと同一の線上をたどって展開し、自由を基本的に意志の奴隷状態からの解放としてとらえた。したがって自由意志も人格的で主体的に把握しているが、彼に認められる新しい傾向は何事でもその理性的根拠を徹底的に追求してゆく点に認められる。

まず彼の主著『クール・デウス・ホモ』（神はなぜ人となられたか）に展開する基本思想の中で意志がどのように問題とされているかを考えてみたい。彼によると神と人間との関係は神の意志に人間の意志が服従するときに正しく、そのような意志が「意志の正直《せいちょく》」と呼ばれ、そこに人間が神に負い、神が人間に求める「栄誉」が求められる。ところで「神に負うこの栄誉を神に帰さない者は、神から神に属するものを奪い、また神の名誉を毀損することになる。これが罪を犯すことである」[1]。ところが人間が神に負う栄誉を神に返さない罪の状態にあるのみならず、返しえない「無力」のうちにあるとすると、神が人間となる他には贖罪を実現する方法はない。「この贖罪は神しか行ないえないと同時に、人間のみがなすべきであるなら、贖罪を実現するのは神・人（デウス・ホモ）でなければならない」[2]。この有名な贖罪論は神の与えた栄誉と正義とを神に返す弁済的性格をもっているため、エイレナイオスのドラマティックな古典的贖罪に対比して、ラテン的タイプと呼ばれている。

次に自由意志と恩恵の関係をアンセルムスがどのように考えていたかを、後期の著作『自由意志と予知、予定および神の恩恵との調和について』[3]から明らかにしてみよう。彼によると自由意志の弱さから罪に堕ち、その奴隷となった者は、自己の力では義を回復することはできない。義《ただ》しく意志するためには、意志の存在が義しくなければならない。意志が義しくなるためには、神の先行的にして後続的でもある恩恵がなければならない。ここからアウグスティヌスと同じ恩恵論が展開する。

こういうように恩恵と自由意志は協力し合って救いを全うする。彼は言う、「恩恵のみでも、自由意志のみでも、人間の救いは達成されえない」。また「恩恵と自由意志は人間を義とし救うために衝突しないで力を合わせる」と。神と人間とが協力し、調和関係を意志するところにスコラ神学の特徴が明らかに示される。アウグスティヌスの場合には、恩恵の絶対性が力説され、神人の協力と調和も神によって創りだされると考えられていた。なお、アンセルムスでは「意志の正直《せいちょく》」を神と人との基本的関係に立って、自由意志はこの関係を保持する力として考えられ、意志と自由意志とが区別され、自由意志の能力だけでは行為に対し十分でないと考えられた。こうして被造物としての十分な能力を人間がもっていないとの人間学的自覚がスコラシズムの伝統を形成するようになった。

13世紀を代表するトマスの場合

トマスは一般的にはキリスト教的アリストテレス主義者とみなされており、彼のパウロ主義とかアウグスティヌス主義はこれまで十分に評価されてきたが、ここではとくにトマスの『神学大全』第1巻83問で扱われる自由意志と恩恵の考察を問題としてみたい。

トマスは自由意志の人格的主体的側面の考察から開始する。すなわち自由意志をもつものは(1)自らの欲するところを行ない、(2)欲するも欲しないも自由であり、(3)自らの原因であり、(4)諸々の活動の主権者であり、(5)自己形成者である。次に何を選択するかの客体的側面の考察に移り、アリストテレスに従い幸福としての善を人は求め、知性が最善のものを勧めるとみなすが、真の幸福は神の中にあるから、人間の意志は本性的に神なる最高善を求める。ところが悪しき行為が生じるのは、この善という目的を達成するための手段の選択に際してである。その際、意志と自由意志とは一つの能力でありながら、知性と悟性との区別と同様に、活動を異にし、意志が知性に依存し、目的としての善が無制約的に意志に示されるのに対し、自由意志の方は目的を実現するための手段の選択に制限され、選択において自由に自己を実現する。したがって意志には知性との一致を目ざす受容性が前提されている以上、意志は本性的に誤ることはないが、自由な選択行為では罪を犯す。罪は目的実現における「的はずれ」（ハマルティア）であると、アリストテレスに従って規定される。

先にアンセルムスにおいて「意志の正直《せいちょく》」と自由意志が区別されているのを見たが、トマスではこの区別はさらに発展しており、「自由意志はよく選んだり、悪しく選んだりすることに対して無記（是とも非とも答えを出さないこと。）的にふるまう」とあるように、選択に対し何を選ぶべきかを知性によって命じられるとしても、善悪のどちらをも選択しうる能力と考えられた。トマスはこのように自由意志の主体的能動性を説いているが、知性が意志に善を命じ、意志がこれを「端的に受容する」ことから、知性の意志に対する優位を主張する。というのも人間の精神は存在と善性に対し開かれていて、それらを分有することによって具体的に存在をえているからである。こうして客体としての善とその秩序に適合することが倫理的善の内容となっている。ここから自由の主体的意味が消える傾向をもつようになり、ドゥンス・スコトゥス (Johannes Duns Scotus, c. 1266 - 1308) の批判を受けるようになった。

次に『神学大全』第1巻第2部、106–114問の恩恵論によって恩恵と自由意志の関係を明らかにしてみよう。トマスは人間の状態を恩恵以前と以後とに分け、さらに恩恵以前の状態を二つに分け、救済史的に人間を解明する。

(1) 人間の第一段階は堕罪以前のアダムの状態で、自然本性は毀損されず、「原義」を保ち、「人間は自然本性上善にも悪にも向かいうる自由意志をもっている」。

(2) 第二段階は恩恵によって新生する以前の人間の状態で、「自然本性が壊敗した段階」であり、「原義の欠如である原罪」の支配している罪の状態をいう。

(3) 罪の障害を除去するのは恩恵の働きで、これによって神との和解、罪の赦し、永遠の生命が与えられる。

さて、恩恵と自由意志の問題は第2段階から第3段階への移行、すなわち救済で生じる。この移行についてトマスは次のように語る。「ある人が罪から恩恵へ移る場合、彼は奴隷状態から自由へ移っている。このことは彼が自らを恩恵に関わるものと結びつけないとしたら、単に恩恵が前進するだけでは生じない」と。トマスによると神は万物をそれぞれにふさわしい仕方で動かし、人間に対しては「人間的自然本性の特性」に応じて働きかけるため、神の恩恵は自由意志に向けられる。「それゆえ、義に向かう、神からの運動は、自由意志を用いているものにおいては、自由意志の運動なしに生じることはない。とはいえ、義とする恩恵の賜物をそそぐに当たって、神は同時にまた自由意志が、この運動を受容しうる人たちには、恩恵の賜物を受け入れるように恩恵をもって動かすのである」[4]。

ここにアウグスティヌス的な恩恵論の完璧な表現が見られる。両者の思想には対立はない。「源泉と平原の水流とのあいだには対立はない」（ジャック・マリタン）。ところがアウグスティヌスにないものがトマスに加わっている。それが聖霊のそそぎを「習性的恩恵」として捉える考え方である。罪の習性によって自然本性は壊敗していたが、恩恵が聖霊によって心にそそがれると、新しい内的な習性を形成し、戒めや命令を自由に実現するようになる。こうしてよい意志と行為へ向けて動かす神の内的援助と内的な習性の賜物との二重の恩恵が必要とされる。この習性としての恩恵がアウグスティヌスの言う「活動的恩恵」であると説かれ、セミ・ペラギウス主義は克服されている[5]。

トマスの自由意志についての学説のなかで意志と自由意志が区別され、意志が知性の示す善・目的・存在に対し受容的であるのに対し、自由意志は目的達成の手段の選択において無記的であり自由であることが説かれた。しかし自由意志のもつこの自由が目的論的思考によって終局目的たる神と客観的善とによって存在論的に規定されている。意志がこの善を受容する知性の判断に依存しているかぎり、意志に対する知性の優位があって、これによって自由の主体的意味が消え

てゆく傾向をもっていた。ここを批判するのがスコトウスとオッカムの意志論である。(6)

ルネサンスと宗教改革の時代

近代の初頭は文化史的にはルネサンスと宗教改革の時代といわれている。イタリアにおける14世紀中葉に起こったルネサンス運動の代表者は、キリスト教的ヒューマニストのペトラルカ(Francesco Petrarca, 1304 - 1374)であった。彼はアウグスティヌスの著作に親しみ、それとの共感のもとに思索を深めていった。たとえば「ヴァントゥー山登攀《とはん》」で、彼は自己の体験をアウグスティヌスの『告白録』から多くの文章を引用することによって表現している。また、『わが秘められたる心の戦い』(『わが秘密』近藤恒一訳、岩波文庫、1996年)ではアウグスティヌスを対話者として立て、人妻ラウラとの許されない恋愛の苦渋を吐露した。この時代は後期スコラ神学の隆盛期であって、アウグスティヌスは新たに芽生えてきた近代的意識によって再び解釈されたのであった。このスコラ神学の一派によって教育された宗教改革者ルターは、アウグスティヌスの新しい解釈と受容によってそれと批判的に対決し、近代における宗教思想であるプロテスタンティズムの形成者となった。

(1) ルターによるアウグスティヌスの受容と批判的超克

ルターの中心思想は、オッカム主義の行為義認を克服するにあたり、アウグスティヌスの後期の神学思想を受容して形成した信仰義認論である。ルター自身がアウグスティヌス派の修道会に属し、アウグスティヌス主義に立っていたシュタウピッツ（Johann von Staupitz, c.1460-1524）の指導を受けていたため、彼は、アモールバッハ版の『アウグスティヌス全集』が１５０７年に出版されたこともあって、早くからアウグスティヌスの著作には親しんでいた。特にその『霊と文字』は、彼の新しい思想に対して決定的な影響を与えた。彼の自伝的文章には次のように語られている。

その後、わたしはアウグスティヌスの『霊と文字』を読んだ。この本の中でわたしは予想に反して、アウグスティヌス自身もまた神の義を同じように解釈しているのを見いだした。つまり神がわたしたちを義とする際に、それをもって神がわたしたちに着せたもう義であると。そして、このことはいままで不完全にしか述べられていないし、義とみなすことに関しては、彼もすべて明瞭に説明してはいないけれど、それでもわたしたちが義とされる神の義が教え

られていることは喜ばしいことであった。(7)

この引用文によると、「神の義」の新しい解釈（つまり、神が所有している義ではなく、神が人間に対して授与する義）を発見したあと、以前に読んだことがあるアウグスティヌスの『霊と文字』を読んでみると、神の義に関してアウグスティヌスが同じ解釈をしていることを発見して、大いに意を強くしたことが知られる。と同時に、その解釈の不明瞭さにも気づいて批判の余地があることを示唆している。事実、キリスト教思想史の上で、この作品に勝ってルターの新しい神学に近いものはない。彼はいまや、アウグスティヌスの権威によってオッカム主義をペラギウス主義であると断定し、アウグスティヌスとの一体感に立って著作活動を開始していく。彼の新しい神学の概要を述べた『ハイデルベルク宣言』（1518年）の序文では「使徒パウロとその講解者アウグスティヌス」を自説の証人に挙げ、『霊と文字』から多くの引用をもって論証している。さらに大学の教育においても、従来採用されていたアリストテレスを退けて、この著作を中心にカリキュラムの改革が実施されるに至った。

しかし彼は、自己愛から隣人愛を経て神の愛に向かう伝統的な「愛の秩序」の思想に関するかぎり、その源泉であるアウグスティヌスに対して批判的態度をとっている。

(2) エラスムスのアウグスティヌス受容の特質

ルターの同時代人で好敵手であったエラスムス（Desiderius Erasmus, c.1466 - 1536）は、ヒューマニストとして活動し、ヒエロニュムスやアウグスティヌスの全集を次々に出版していった。今日でもこのエラスムス版『アウグスティヌス全集』は、マウリ版以前のものとして、すぐれた編集上の価値をもっている。エラスムス自身、ステインのアウグスティヌス派修道院にいたとき以来、アウグスティヌスの著作に親しんでいた。この修道院の生活を賛美した『現世の蔑視について』という最初の著作で、彼は次のように語っている、

もしそれ自身でも美しい真理が雄弁の魅力によっていっそう優美になるのを好むなら、ヒエロニュムス、アウグスティヌス、アンブロシウス、キプリアヌスその他の同類のものに向かう。少し嫌気がさしてきたら、キリスト教的キケロに耳を傾ける喜びがある。(8)

彼の思想形成にとってもアウグスティヌスは実に大きな影響を及ぼした。初期の代表作『エンキリディオン――キリスト教戦士の手引き』（1504年）を播いてみるなら、彼がいかに多くをア

ウグスティヌスに負っているかは一目瞭然である。ただし、この著作の主題にも示されているように、彼は哲学と神学との総合を目指しており、アウグスティヌスの著作の中でも初期の諸著作、とりわけ『キリスト教の教え』に古典的な方法が示されている立場に共鳴している。

ルターは、エラスムスの友人でもあるシュパラティン（Spalatin, 1484 - 1545）に宛てた手紙の中で、エラスムスの律法や原罪の解釈の問題性を指摘し、これらの問題はアウグスティヌスのペラギウス派を論駁した著作によって初めて正しく解釈できると語っている。この手紙では、ヒエロニュムスを高く評価するエラスムスにルターは対立して次のように述べている。

エラスムスはアウグスティヌスをあらゆる点でヒエロニュムスのあとに置いているが、それと同じだけわたしは聖書の解釈においてヒエロニュムスをアウグスティヌスのあとに置くことによって、わたしがエラスムスと疑いなく意見を異にしているのは確かなところです。(9)

しかし、このような相違は、エラスムスがアウグスティヌスの初期の思想を受容していたのに対し、ルターのほうは後期の思想を主として受容していったことから生じており、両者の受容の仕方に相違があったといえよう。宗教改革者の中では、カールシュタット（Andreas Bodenstein von

Karlstadt, c.1480 - 1541）がアウグスティヌスの『霊と文字』を尊重していたことはよく知られている。また、カルヴァン（Jean Calvin, 1509 - 1564）はアウグスティヌスの著作を暗記するほどまでにその思想に通暁しており、その著作における引用はおびただしい量にのぼる。

近代思想におけるアウグスティヌスの影響

近代の合理主義の時代に入ると、アウグスティヌスの思想は影響力が少なくなってくるのは事実であるが、合理主義が一面的に偏向し、現実から遊離するようになると、それに対する批判としてアウグスティヌスが顧みられ導入されるようになった。

デカルト　デカルト哲学の第一原理となった「わたしは考える、それゆえにわたしは在る」（Cogito ergo sum）にしても、アウグスティヌスの命題「わたしが欺かれるなら、わたしは存在している」（Si fallor, sum）が先行しており、これが少なくない影響を与えていることが注目されるようになった。また、意志学説においてもデカルトは、当時有力になっていたジュズイット（イエズス会）の圧力を受けて後退してはいても、元来は神の恩恵の先行性というアウグスティヌスの思想に従っていた。ジュズイットはモリナ（Luis de Molina, 1535 - 1600）の説に従って自由意志を説いていたのである。モリナはその主著『自由意志と恩恵との一致』の中で、トマス・アクィナスの『神学大全』の注釈という形でルター主義の反駁を試みたが、原罪が軽視されたため、事実はトマス主義を解体するものであった。ジュズイットはプロテスタントと対決するためにこれと結びついて、自由意志を全面的に主張したのであった。というのは、当時のフランスのプロテスタントは、神の絶対意志による救済と破滅との予定説に立つカルヴァン派が勢力を振るっていたからである。このような対立的な思想状況の中で、「ジャンセニスト」といわれるグループは、ヤンセン（Cornelius Otto Jansen, 1585 - 1638）の有名な著書『アウグスティヌス』に基づいてジュズイットと村決の姿勢を堅持した。

パスカル　同じ時代に、パスカルはポール・ロワイヤルの修道院にあって、ジュズイットとの対決の姿勢をとるようになった。パスカルは、「聖アウグスティヌスの弟子たち」の見解をもって、モリナ主義者とカルヴァン主義者の双方と批判的に対決し、次のように語っている。

> モリニストたちは、救いと滅びの原因が人間の意志にあるとする。カルヴィニストたちは、救いと滅びの原因は神の意志にあるとする。教会は、神の意志が救いの原因であり、人間の意志が滅びの原因であるとする。(10)

人間には滅びへの自由しかないという彼の主張はアウグスティヌスの最晩年の主張であり、ルターの奴隷意志の立場にきわめて近いといえよう。

パスカルはまた、アウグスティヌスの「心」（cor）学説の復興者であることに注意すべきである。彼は身体・精神・心（愛）という「三つの秩序」のあることを強調し、その中でも「心には、理性の知らない独自の道理がある」（『パンセ』L・422、B・277）と説き、「愛の秩序」に関して次のように言う、「イエス・キリスト、聖パウロのもっているのは、愛の秩序であって、精神の秩序ではない。……聖アウグスティヌスも同じである。この秩序は、どちらかといえば、目標に関連のある個々の点にあれこれ目を配りながら、しかもつねに目標を指し示していくことを内容とする」（同L・298、B・284）と。これと内容上同一の表現はアウグスティヌスの『神の国』に次のように語られている。

天上の平和こそ真の平和であって、厳密にはこれのみが理性的被造物の平和、つまり神を享受し神において相互を享受する、最も秩序があり、最も和合した社会である。……天の国はよい行為のすべてを、天上の平和を得ることに関連づけるとき、その信仰によって正しく生きている」(『神の国』XIX・17)。

このようにパスカルは、アウグスティヌスと一致して秩序の概念を目的への機能的な連関として捉えた。この観点は今日、シェーラー(Max Scheler, 1874 - 1928)に受け継がれている。さらに19世紀では、枢機卿ニューマン(John Henry Newman, 1801-90)がアウグスティヌスの方法と教えとをこの時代に再生させるように努めて、信仰と理性との関連を考察し、社会哲学を再建している。

アウグスティヌスと現代思想の状況

時代の類似性　現代においてもアウグスティヌスへの関心は続いている。現代の気鋭の政治学者でアウグスティヌスの研究家でもあるハンナ・アーレント(Hannah Arendt, 1906 - 1975)は、アウグスティヌスのことを、「記述された歴史の他のいかなる時代よりもわたしたちにある面で類似している時代に生きた偉大な思想家」と語っている。実際、両時代の類似性は大きく、たとえば、現代の二つの世界大戦によって起こってきた終末意識は彼の時代のそれと等しく、古代の終末に直面しながら新しい中世への出発を導いた彼にわたしたちは熱い視線を向けてきた。

実存哲学者たち　実存哲学もこのような状況から生まれてきたのであって、その創始者キルケゴールが実存の三段階説を確立した背景には、彼自身も語っているように、人間の自己理解におけるアウグスティヌスとの共感が認められる。また現代の実存哲学者ヤスパース（Karl Jasprs, 1883 - 1969）とハイデッガー（Martin Heidegger, 1889 - 1976）は、人間の内面性が含んでいる問題をアウグスティヌスを介して展開している。

フッサール　さらに、ヴィルヘルム・ヴィンデルバント（Wilhelm Windelband, 1848 - 1915）の言うアウグスティヌス的な「内面性の形而上学」に関しては、特にフッサールの『内的時間意識の現象学』冒頭の次の発言が注目に値する。

> 時間意識の分析は古来、記述的心理学と認識論の十字架である。ここに伏在する非常な難問題を深く感知し、それらの問題にほとんど絶望的なまでの辛苦を重ねた最初の人はアウグスティヌスであった。『告白録』第11巻の14―28章は今日もなお、徹底的に時間問題と取り組むすべての人びとによって研究されねばならない。なぜなら学識を誇る近代もこれらの事柄についてては、真剣に努力したこの大思想家を遥かに凌ぐほどの、たいした研究を成し遂げてはいないからである。(11)

シェーラー　またシェーラーも、現象学の立場に立ちながら、情緒的生の領域においてアウグスティヌスとパスカルの伝統を発展させた。その著作『愛の秩序』は未完成に終わったが、アウグスティヌスに淵源するこの概念を自己の思想の中核として体系化しようとする試みであった。彼は霊性論でも、アウグスティヌス的啓示の概念を積極的に取り入れた。たとえば認識の主観の活動というものが、同時に対象自身の応答作用、自己与示、自己開示と照明、したがって真の自己啓示と深く関わっているとみなした。またキリスト教の出現とともに認識と愛との関係が根本的に変化したことを強調し、「認識に対する愛の優位」の主張がアウグスティヌス的伝統以外では哲学的に生かされてきていないと説いている。ここで「アウグスティヌス的伝統」というのは、ドゥンス・スコトゥスやオッカムの意志優位説ではなく、パスカルやマールブランシュ(Nicolas Malebranche,1638 - 1715)の思想を指し、愛と関心こそ精神の最も原初的な根源であるとする立場である。彼は次のように言う。「〈あるもの〉に関心をもつこと、〈あるものへの〉愛は、そこにおいてわたしたちの精神一般が〈ありうべき〉対象を把握する最も始原的な、そして他のすべての作用を基底づける作用である。同時に、これらの愛や関心の作用は、それと同じ対象に向かうもろもろの判断・知覚・表象・記憶・意味志向のための基礎である」(『愛と認識』、梅本信介訳、『シェーラー著作集』9　白水社、1977年、153頁）と。

ニーバー兄弟とティリッヒ　現代アメリカの思想家では、ラインホルド・ニーバー（Reinhold Niebuhr, 1892 - 1971）がアウグスティヌスの政治思想がもっている国家理論が有意義であることを強調している。たとえば、「民とは、その愛する対象への共通な心によって結合された理性的な人々の集団である」（『神の国』19・24）という民の定義は、近代の社会契約説よりもはるかに現実味があるという。したがって、完全な社会が革命や教育によって到来するといったユートピアの幻想はまったく見当たらない。「最小の最も原初的共同体である家族から最大の最も近代的世界共同体に至るまで、自己の属する共同体が危機の内にあり滅亡に向かっているのを見いだす世代は、その難局を切り抜けるにあたって聖アウグスティヌスに相談するとよい(12)」とまで彼は語っている。彼の弟リチャード・ニーバー（Helmut Richard Niebuhr, 1894 - 1962）は『キリストと文化』の中で、アウグスティヌスこそ「キリストが文化の改造者である」との信仰を表明した古典的思想家であるとみなしている。さらに、ドイツからアメリカに移住したティリッヒ（Paul Tillich, 1886 - 1965）は、アウグスティヌスにおけるギリシア哲学とキリスト教とを総合する立場を高く評価し、「人間の精神が神の存在に直接近づくことができる」との主張に、信仰と文化との双方に対する強固な基礎を見いだしている。

日本における受容

わが国においては、哲学者の西田幾多郎（1870 - 1945）、経済学者の矢内原忠雄（1893 - 1961）、教会史家の石原 謙（1882 - 1976）、神学者の岩下壮一（1889 - 1940）などによってアウグスティヌスの思想は受容された。西田は、哲学の真理を意識の内面性において捉え、「アウグスチヌスは深く自己自身の奥底に反省して、他の何者にもよらず直に自己の人格的実在其者《そのもの》を掴み得た人と思ふ」[13]と語り、『告白録』の内面的な時間論と『三位一体論』の深遠な精神の洞察とを高く評価した。また矢内原は、戦争中、日本の軍国主義に反対して公職から追放されたとき、土曜学校を開いてアウグスティヌスの『告白録』や『神の国』などを講義し、暗い時代に人間と国家のあり方を学んでいる。彼は『神の国』の開講の辞で、「かかる時代にさいして、キリスト教会、キリスト者というものは個々の実際問題、および人類、国家の見通しについて、いかに考えるべきであるか……アウグスティヌスのこの本ほど直接の参考になる本はないでしょう」と語っている。さらに石原 謙は、アウグスティヌスを中心にしてキリスト教の源流を探り、そこから中世思想の形成と近代神学の展開を問題にした。また岩下壮一は、『アグスティヌス 神の国』（1935年）を著して、アウグスティヌス研究の礎を築いた。その後若い世代から多くの研究者が続出し、教文館版『アウグスティヌス著作集』（全30巻、36冊、別巻『書簡集』2巻）が出版された。このようにして、今日、わが国における研究は大いに促進されるに至った。

注

（1）アンセルムス『アンセルムス全集』古田暁訳、聖文舎、472頁。
（2）アンセルムス、前掲訳書、519頁。
（3）アンセルムス『自由意志と予知、予定および神の恩恵との調和について』古川薫訳を参照。
（4）トマス『神学大全』第1巻第2部、106-114問
（5）トマス『神学大全』111問2、114問9を参照。
（6）金子晴勇『ヨーロッパ人間学の歴史』知泉書館、159―170頁参照。
（7）Luther, WA. 56, 186. WA= ワイマル版『ルター全集』
（8）Erasmus, ASDV-I, 79, CWE. 170-1, ASD= アムステルダム版全集、CWE= カナダ版英訳書。
（9）Luther, WA. Tr. 1, 70. Tr.=「手紙」1・70には「第27手紙」がある。
（10）パスカル『恩寵文書』田辺保訳、『パスカル著作集』5、教文館、1983年、151頁。
（11）フッサールの『内的時間意識の現象学』立松弘孝訳、みすず書房、1967年、9頁。
（12）Reinhold Niebuhr, Christian Realism and Political Problem, p. 146.
（13）西田幾多郎『続・思索と体験』岩波文庫、「アウグスチヌスの自覚」1928年を参照。

［談話室］　最晩年のアウグスティヌス

アウグスティヌスの最初の伝記を書いたポシディウスによると最晩年にヴァンダル族が北アフリカに侵入し、ヒッポの町をも包囲した。司教アウグスティヌスはそのような惨事に取り囲まれながら死の床に伏していた。だが、彼を慰め力づけたのは、死を迎えたときの優れた信仰者の模範と哲学者プロティノスの言葉であった。ポシディウスは『アウグスティヌスの生涯』の中で次のように印象深く語っている。

その後しばらくして全能の神のみ旨により、種々様々の武具に身をかためた大軍が、スペインから船で海を渡ってアフリカになだれ込み、やがてこの地方にも突進してきた。それらの敵は、野蛮なヴァンダル人やアラン人で、ゴート族やその他いろいろの民族も混じっていた。かれらは、全マウリタニヤとその他のわれわれの州や地方をも席巻し、ありとあらゆる残忍な行為と暴虐のかぎりをつくし、略奪と殺傷と種々の拷問と放火と、その他数えきれないほど多くの嫌悪すべき悪行を行ないつつ諸処方々を荒らし回っていた。かれらは、老若男女を問わず、神の司祭や聖職者に対しても、教会の装飾や道具や建物そのものに対しても、なんら容赦する気配を見せなかった。このとき神の人アウグスティヌスは、この残忍きわまりない敵の攻撃と席巻とがすでに起こり、また起こりつつあることに対して他の人々と同じような受け取り方はせず、それらのことについて、もっと高い観点から深慮をめぐらしていた。そしてこの襲撃が魂の危険と死をもたらすであろうことを予知して、他の人にもまして夜となく昼となく涙を流し、涙はかれの昼夜のパンであった。……無数の教会のうち残ったのは、カルタゴ、ヒッポ、キルタのわずかに三つの教会だけであった。これらの都市が破壊を免れたのは、神のいつくしみによることであった。それらの都市は神と人との守護にささえられて破壊されずに残っていたのであるが、アウグスティヌスの死後、敵は、住民の見捨てたヒッポの町を焼き払ってしまった。アウグスティヌスはこれらの災禍のまっただ中にあって、ある賢者のことば、すなわち、〈木や石が落ち、死すべきものが死ぬことを驚くべきことであると思っている人は、偉大な人ではない〉ということばを口ずさんで、ひとり慰めていた。(ポシディウス『アウグスティヌスの生涯』28章、熊谷賢二訳、創文社、85–87頁)。

ここに「ある賢者のことば」とはプロティノスの『エネアデス』からの引用である(Plotinos,『エネアデス』I・4・7)。このようにプラトン主義の影響は最後の際まで認められる。しかし、このポシディウスが後世に伝えたヴァンダル族の蛮行の記事は、不幸なことに、それがとくに史上まれに見るほど暴虐無頼だったという印象を与えてしまった(松谷健二『ヴァンダル興亡史』白水社、57—58頁参照)。というのはこの種の蛮行は似たような多くの例のひとつにすぎなかったのに、たまたま知識人の多いヒッポの町であばれたために、後世まで目立つことになってしまったからである。実際にはヴァンダル族には先住民の補助部隊がかなり多数いたはずで、彼らにはローマ人への恨みも深く、復讐の好機と考えられたし、ヴァンダル族は解放軍と映ったであろう。だが、本格的な攻城機具をもたなかったヴァンダル族は要衝ヒッポ・レギウスを武力では陥落できなかった。また、八万の軍隊を維持するためには一か所に長く留まっていられなかった。ヒッポの町を守り抜いたローマの軍人ボニファティウスがローマ政府に召還された後になって、つまりアウグスティヌスの死後一年たった後に、ヒッポ・レギウスはヴァンダル族の手によって陥落した。それは431年8月のことである。幸運にもアウグスティヌスの貴重な蔵書などは無事だった。

あとがき

本書は、わたしが青年時代から今日に至るまで研究し続けてきたアウグスティヌスの「心の哲学」という主題をその霊性思想を含めて完成させたものです。大学に助手として勤め始めた頃、『共助』というキリスト教雑誌に「不安な魂の足跡を訪ねて――アウグスティヌスの生涯と思索から――」という論文を書きました。その中でアウグスティヌスの中心思想を「不安な心」として捉え、「心」の動態を三つの前置詞でもって示しました。このような些細な発見が、実は、生涯を通しての研究を導き、どのような成果をもたらしたかを本書は示しています。

わたしは先の初期論文で短く触れたことをその後も詳細に研究し続け、それから二〇年後に纏めた『アウグスティヌスの人間学』で「心の哲学」として発表しました。この研究はさらに「心」の深部にある「霊性」として継続され、五年ほど前に「アウグスティヌスの霊性思想」（未出版原稿）として一応完成しました。「心」についての最初の記述は一〇行ほどの短いものでしたが、それがその後の研究でどのように補われ、解釈が加えられ、根本思想として解明されていったかを本書は示しています。

ですから、本書はわたしにとって長年にわたって研究してきた成果を纏めたものに過ぎません。わたしは『アウグスティヌス著作集』（教文館）に編集者として加わり、ほとんど全生涯をかけてアウグスティヌスの翻訳と研究に携わり、本書で示したように若いときに発見した視点や論点を時間をかけて追究し続けてきました。これがわたしの仕事の方法となっています。先日もアウグスティヌスの著作集にある『詩編注解（4）』の翻訳をやっとのことで完成させましたが、詩編の注解の仕方が、ルターと比較すると、相違しているのに気づき、アウグスティヌスの聖書解釈学の特質を翻訳書の「はしがき」で詳論してしまったのも、この方法に由来するといえるでしょう。

なお、若い時代に書いた論文でも今日の若い研究者たちに読んでもらえるかどうか心配になり、一橋大学の大学院生である鈴木良和さんに本書の第2章と第4章を読んでもらいました。少し直すだけで十分に理解できるとのことで安心しました。また本書でのアウグスティヌスの訳文は前記の著作集の訳を参照していますが、『告白録』だけは山田 晶訳を使っている場合があるのでその旨を文中に記しておきました。

終わりに本書で採り上げた各章の初出について記しておきます。

第1章「古代末期の世界」は『アウグスティヌスとその時代』知泉書館、2004年の第1章からの転用である。

第2章「不安な心の足跡を訪ねて」はキリスト教雑誌『共助』1963年の9月号に「不安な魂の足跡をたずねて」として発表したものである。この論文は四回にわたって執筆されたが、今回はその最初の部分だけを採用した。

第3章「心の対向性——『告白録』の「心の哲学」」は『アウグスティヌスの人間学』創文社、1982年の第2部第1章「心（cor）の概念」を書き換えたものである。

第4章「精神的発展と思想世界の形成」は「アウグスティヌスにおける倫理思想の内的発展」、日本倫理学会編『キリスト教』理想社、1968年を土台とする改作である。

第5章「思索の方法」は『アウグスティヌスの人間学』（前出）第1部第3章「理性と信仰」を大幅に改作したものである。

第6章「心の機能としての霊性」は既述の「アウグスティヌスの霊性思想」（未出版原稿）から再構成されたものである。

第7―8章「ペラギウス批判と霊性の復権」は『アウグスティヌスの恩恵論』知泉書館、2006年から再構成されたものである。
第9章「人間学の三分法」は「アウグスティヌスの霊性思想」（前出）から改作した。
第10章「アウグスティヌスの影響」は金子晴勇編『アウグスティヌスを学ぶ人のために』世界思想社、1993年の第3章の第3節「アウグスティヌスと近・現代思想」を増補・改訂したものである。

この巻の出版に際しても新書版としての紙幅を超えないようにしたので、最初に計画した「パウロ解釈の問題」の要約を談話室に移しました。このようなことで、出版社に面倒をおかけしたことをお詫びしたい。

2020年12月25日　コロナ禍のクリスマスを迎えて

金　子　晴　勇

金子晴勇（かねこ・はるお）
1932 年静岡生まれ。1962 年京都大学大学院博士課程中退。67 年立教大学助教授、75 年『ルターの人間学』で京大文学博士、76 年同書で日本学士院賞受賞。82 年岡山大学教授、1990 年静岡大学教授、1995 年聖学院大学客員教授。2010 年退官。
主な著書：『ルターの人間学』（1975）、『アウグスティヌスの人間学』（1982）、『宗教改革の精神』（2001）、『ヨーロッパ人間学の歴史』（2008）、『エラスムスの人間学』（2011）、『アウグスティヌスの知恵』（2012）、『キリスト教人間学』（2020）、**『わたしたちの信仰――その育成をめざして』**（2020）、**『キリスト教思想史の諸時代 I ～VII、別巻 1』**（2020 ～ 2023）、『ヨーロッパ思想史――理性と信仰のダイナミズム』（2021）**『東西の霊性思想**――キリスト教と日本仏教との対話』（2021）、『現代の哲学的人間学』（2022）、『「自由」の思想史』（2022）、**『「良心」の天路歴程』**（2023）ほか多数。**太字**は小社刊。
主な訳書：『アウグスティヌス著作集 第 9 巻』（1979）、ルター『生と死の講話』（2007）、ルター『神学討論集』（2010）、エラスムス『格言選集』（2015）、C. N. コックレン『キリスト教と古典文化』（2018）、エラスムス『対話集』（2019）、グレトゥイゼン『哲学的人間学』（共訳 2021）ほか多数。

ヨベル新書 065
キリスト教思想史の諸時代
II アウグスティヌスの思想世界

2021 年 2 月 10 日 初版発行
2024 年 7 月 10 日 2 版発行

著　者 ―― 金子晴勇
発行者 ―― 安田正人
発行所 ―― 株式会社ヨベル　YOBEL, Inc.
〒 113-0033 東京都文京区本郷 4-1-1-5F
TEL03-3818-4851　FAX03-3818-4858
e-mail：info@yobel. co. jp

印刷 ―― 中央精版印刷株式会社
装幀 ―― ロゴスデザイン：長尾 優
配給元―日本キリスト教書販売株式会社（日キ販）
〒 162 - 0814　東京都新宿区新小川町 9 -1
振替 00130-3-60976　Tel 03-3260-5670

　ISBN978-4-909871-33-6 C0216

聖書は、聖書 新共同訳（日本聖書協会発行）を主に使用しています。

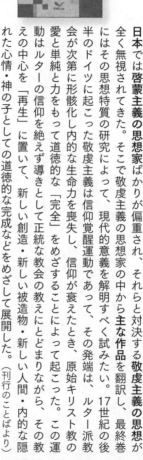

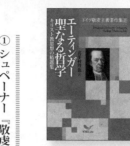